Da smart city a smart community

Opportunità e rischi per la Capitanata

All'innovazione,

*che possa un giorno diventare un diritto
costituzionalmente garantito a ognuno e un
dovere morale dello Stato ad adoperarsi,
affinché ciascuno ne abbia accesso nel più
breve tempo possibile*

L'innovazione,

*concepita come diritto di ognuno ad
accedervi, diventa un potente strumento di
equilibrio e coesione sociale.*

Silvano Vergura

Sommario

Premessa

Il 10 luglio 2012 la Commissione Europea pubblica la comunicazione "Smart Cities and Communities – European Innovation Partnership", nella quale afferma che l'uscita dell'Europa dalla crisi finanziaria ed economica è basata sull'*innovazione* di prodotti e servizi. Ancora, "l'innovazione è il mezzo per aumentare la competitività e la capacità di creare nuovi posti di lavoro, oltre che l'elemento cardine per affrontare altre due sfide sociali: cambiamento climatico ed efficienza energetica".

Da questa posizione l'Europa ha individuato una serie di obiettivi, per raggiungere i quali ha erogato importanti finanziamenti e continuerà a farlo anche negli anni a venire. In particolare, *Smart Cities and Communities* è una strategia dell'UE con risvolti economici, sociali e finanziari per tutti i cittadini dell'Unione[1], e inciderà sempre più sulle nostre vite; pertanto, è opportuno conoscerla, al fine di utilizzarla al meglio e non restarne fuori. C'è di più. Questa strategia contiene tanti inglesismi e aggiunge nuovi termini al vocabolario di questo secolo. Il glossario a fine libro definisce i principali termini utilizzati nel libro e potrà essere consultato in ogni momento, fino a quando ogni espressione non sarà entrata nel proprio vocabolario personale, perché la loro conoscenza diventerà indispensabile. Primo, perché gli effetti di questa nuova strategia riguardano la vita quotidiana di tutti i

---

[1] eu-smartcities.eu, il sito attualmente è solo in lingua inglese, ma in alto a destra del browser si può ottenere la traduzione completa in italiano.

cittadini; non conoscerli è come mettersi alla guida di un automobile senza saper guidare. Secondo, perché tanti cittadini europei iniziano a usarli correntemente e non conoscerli crea una barriera nella comunicazione e nell'interazione con gli altri, poiché nessuno cerca spontaneamente il dialogo con una persona che parla una lingua sconosciuta. Anzi, a volte non ci si intende neppure parlando la stessa lingua, perché si usano parole che non corrispondono al concetto che si vuole esprimere.

Ecco un aneddoto.

A scuola, la maestra Tina incontra nel corridoio Marco, un suo allievo della prima elementare, e gli chiede:

"Marco, quanti anni ha tuo padre?"

"Sei anni", le risponde Marco.

E la maestra, sorridendo: "No, Marco. Tu hai sei anni. Non è possibile che anche tuo padre abbia sei anni".

Ribatte Marco: "È esattamente così, signora maestra. Lui è diventato PADRE quando io sono nato. Prima era un UOMO".

Marco aveva colto la differenza tra la parola uomo, che definisce il genere acquisito dalla nascita, e la parola padre, ruolo che un uomo acquisisce solo se e quando si diventa genitore. Un uomo può morire a cent'anni, senza essere stato padre per un solo giorno!

Questo aneddoto evidenzia che dietro ogni parola, italiana o inglese, c'è sempre un concetto più o meno ampio, ma ben definito. Solo l'uso delle parole giuste consente l'interlocuzione efficace e la piena comprensione di fenomeni complessi, qual è quello della *smart city*.

Analizzando l'elenco della città italiane promotrici dell'Osservatorio Nazionale Smart City dell'ANCI[2] (Associazione Nazionale Comuni Italiani), risulta che Foggia è l'unico capoluogo pugliese assente[3], mentre della BAT è presente solo Barletta. I progetti realizzati o in fase di realizzazione sono disponibili in altro sito[4] dell'ANCI, dove compaiono anche altre città pugliesi, oltre ai capoluoghi di provincia. I progetti relativi alla smart city sono tipicamente molto innovativi e richiedono risorse umane e finanziarie importanti, che sono reperibili più facilmente in città medio-grandi. La Capitanata è la provincia pugliese con la percentuale più alta di piccoli centri e l'unica con comuni piccolissimi (meno di 1.000 abitanti). Peraltro, il numero di questi ultimi sta aumentando e diventerà sempre più difficile avviare progetti di smart city in quei luoghi.

La seconda parte del libro contiene, infatti, un'attenta disamina dell'evoluzione demografica della Capitanata, dove, per la prima volta dopo novant'anni, si assiste a una riduzione della popolazione che interessa sia il capoluogo sia tanti altri comuni della provincia. Inoltre, i dati di contrazione della popolazione di

---

[2] osservatoriosmartcity.it/le-promotrici

[3] Il Comune di Foggia, come risulta dal sito www.opencoesione.gov.it, ha avviato il progetto "*3Esse: Smart Enviroment – Smart Mobility – Smart Governance" ed è capofila del progetto "Sviluppo del sistema di e–government regionale nell'area vasta capitanata 2020", sit.avc2020.it

[4] http://www.agendaurbana.it

Capitanata sono più critici rispetto a quelli delle province confinanti. Poiché sia la riduzione di popolazione che l'assenza di corposi progetti di smart city interessano sia i piccoli sia i medi comuni della Capitanata, a parere dell'autore, può risultare estremamente impegnativo e senza certezza di risultato che la trasformazione delle città di Capitanata in smart city sia affrontata da ogni comune singolarmente. Viceversa, è indispensabile che tale cambiamento sia affrontato da comunità più ampie del singolo comune, ma ciò richiede gli strumenti della collettività. È necessario usare *intelligenza collettiva e sociale* e implementare nuovi modelli di comunità, come quello proposto nell'ultima parte del libro: Federazione di Comuni (FdC).

Riassumendo, nella prima parte si parla di smart city, introducendo nuovi concetti e termini, ma evitando di entrare nel merito delle questioni tecniche e dei regolamenti connessi, come l'agenda digitale[5], la strategia digitale, l'anagrafe digitale, la SPID, le KPI, eccetera. Nella seconda parte si analizzano i dati della popolazione di Capitanata, evidenziando alcune criticità, mentre l'ultima parte propone un modello per le macroaree di Capitanata, auspicando che ciascuna diventi una *smart community*.

In sintesi, scopo del libro è accompagnare il lettore nel viaggio di questa nuova visione della società, al fine di coglierne le opportunità e non perdere il treno.

---

[5] http://ec.europa.eu/europe2020/europe-2020-in-a-nutshell/flagship-initiatives/index_it.htm

Ringrazio pubblicamente alcuni professionisti che hanno messo a disposizione le loro specifiche competenze, fornendo utilissimi spunti e suggerimenti per il miglioramento dell'opera: i miei fratelli Matteo, Luigi, Angelo e Antonio, e l'amico dott. Antonio Gisolfi.

Silvano Vergura

Parte prima – COS'È LA SMART CITY

1. Come eravamo e come siamo

L'organizzazione della società che ha preso corpo e forma negli anni '60, quelli del boom economico, era ben chiara e funzionale alle esigenze di quel tempo. Sintetizzando al massimo, nella maggior parte delle famiglie lavorava il marito e la moglie si prendeva cura del focolare domestico: cura dei figli, del marito e di eventuali altri parenti, gestione della casa in senso stretto, ma anche gestione di tutte le faccende che erano funzionali alla vita quotidiana. I punti fermi erano l'ora di pranzo e di cena, quando tutti, marito incluso, se non emigrato, si ritrovavano intorno al tavolo. Il dipendente pubblico lavorava tutti i giorni, sabato compreso, ma quasi esclusivamente al mattino; le attività commerciali alimentari erano chiuse il giovedì pomeriggio, i barbieri il lunedì, e così via. Questa organizzazione consentiva a tutti di avere i propri spazi temporali, in cui programmare attività extra, le faccende di famiglia o di lavoro. I programmi televisivi iniziavano alle undici del mattino, alle tredici e trenta c'era il primo TG, alle venti quello serale, poi il Carosello. Dalle ventitré del giorno prima fino alle undici del mattino seguente le reti RAI mandavano in onda l'immagine fissa di figura 1. Le partite di calcio si giocavano solo di domenica pomeriggio e si ascoltavano alla radio. Le porte di casa erano aperte. Quasi sempre. E nessuno entrava, senza avere ricevuto prima il permesso. Quasi tutto era costruito con amianto: carrozze di treni, scoli di acqua, pannelli di isolamento di abitazioni e scuole, e così via. Non c'era la raccolta differenziata, ma i rifiuti erano pochi, perché riciclare era una necessità, non un virtuosismo. Si riciclava di tutto. Una maglia, una camicia, un pantalone, che venivano lasciati in eredità al fratello minore, spesso anche alla sorella, poi alla cugina. Si rideva e cantava tanto, anche per strada. La miseria non era un ostacolo per lo "stare bene". Con sé e con gli altri.

Figura 1. L'immagine TV degli anni '70–'80 che restava fissa per circa 11 ore.

Poi, quasi senza accorgercene, si è sostituito lo "stare bene" con il "benessere", solo apparentemente sinonimi. In realtà, distanti anni-luce rispetto alle cause che originano l'uno e l'altro. Lo "stare bene" degli anni '60-'80 era legato a uno stato d'animo, che si alimentava della consapevolezza, supportata dai fatti, che la generazione dei figli aveva una prospettiva di maggiore prosperità rispetto a quella dei padri, anche quando era necessario emigrare in Germania, Venezuela, Argentina o in altri Paesi. Tutto questo rendeva le persone serene, in fase di progettazione del proprio percorso di vita, poi felici man mano che il proprio progetto di vita si realizzava. E spesso si concretizzava con tanti figli: tre, cinque, otto, anche di più. Sembrava talmente ineluttabile questo destino, che le ambizioni di prosperità crescevano di generazione in generazione. In ogni caso, esse erano finalizzate all'utilità, ovvero a creare un valore aggiunto per sé e per la propria famiglia. Erano gli anni in cui si diffondevano casa per casa i grandi elettrodomestici: frigorifero, TV, lavatrice. Chi godeva di maggiori possibilità economiche, dopo aver acquistato la propria abitazione, provvedeva a comprare la casa per i figli. Si arrivò così agli anni '80, quelli della "Milano da bere". Per la prima volta dal dopo guerra, si affermava un modello sociale che contemplava anche il superfluo. E' allora che è iniziata l'era del consumismo, ovvero la scelta di non destinare tutti i proventi della prosperità a utilità per la famiglia. Una quota parte delle proprie disponibilità iniziava a essere investita in beni voluttuari, a volte in oggetti che avevano la sola funzione di creare un'immagine sociale.

È quello il momento in cui si sono affermati i primi oggetti di *status symbol*, che definivano e ostentavano il livello di ricchezza, posseduta o presunta. È quello il momento in cui lo "stare bene" ha perso forza ed è stato prima affiancato, poi definitivamente sostituito, dal "benessere", che non è affatto uno stato d'animo, bensì uno stato del conto corrente. Più denaro c'è sul conto corrente, maggiore è il benessere, anche se ciò non coincide automaticamente con lo "stare bene". Ed è sempre in quegli anni che il termine "prosperità" è iniziato a diventare desueto a favore del meno nobile e più freddo "crescita". Se fino agli anni '80 è valso il binomio "prosperità" che produce lo "stare bene", dagli stessi anni si è affermato il binomio "crescita", che crea "benessere", quasi esclusivamente legato alla sfera economica. Questo passaggio da un binomio all'altro, però, non è avvenuto a costo zero. L'apparente benessere diffuso di quegli anni fu raggiunto con la svalutazione della Lira (storica moneta dell'Italia) e con l'aumento vertiginoso del debito pubblico, dunque lasciando alle generazioni future l'onere del pagamento del debito. E il futuro del pagamento era dietro l'angolo.

Il 7 febbraio 1992 venne firmato il Trattato di Maastricht (o Trattato dell'Unione Europea), che fissa tuttora le regole politiche e i parametri economici dell'Unione Europea, tra cui la riduzione del debito pubblico. Quel trattato entrò in vigore nel novembre del 1993. Nel 1998 venne istituita la Banca Centrale Europea (BCE) e nacque l'Unione monetaria. Infine, il primo gennaio 2002 entrò in vigore la moneta unica, l'Euro, che sostituì la Lira. In quel momento vennero meno entrambe le leve che avevano consentito il benessere degli anni '80: svalutazione della moneta (che nell'UE non può essere decisa da alcun singolo stato) e indebitamento pubblico (il cui ammontare, insieme a quello del deficit, è sottoposto a vincoli europei).

Il termine "benessere" diventa a sua volta desueto e viene sostituito dal PIL (Prodotto Interno Lordo). Pochi sanno cosa rappresenta il PIL e come si calcola, ma tutti sanno che è legato allo stato di salute generale dell'economia del Paese: se aumenta il PIL, cresce l'economia, altrimenti diminuisce. L'aumento del PIL è considerato sempre positivo, sia quando è dovuto alla maggiore vendita di farmaci per salvare i bambini africani sia quando è dovuto alla maggiore vendita di armi per uccidere gli stessi bambini africani. Per il PIL è assolutamente indifferente curare i bambini africani o ucciderli. L'obiettivo è vendere sempre più: farmaci, armi o qualunque altra cosa poco importa. Questa è la crescita economica, che fa da timone al nuovo millennio. È evidente da quest'esempio che il PIL è una misura rozza della ricchezza di un Paese. Di più, è una misura ingiusta, socialmente non accettabile, eticamente discutibile. Sono maturi i tempi perché l'attuale PIL venga sostituito da un "PIL sociale", cioè da un parametro che tenga conto non solo della crescita economica in sé, ma anche degli effetti sociali dei prodotti/servizi venduti. Nel caso considerato, la parte di PIL dovuta alla vendita di farmaci dovrebbe avere una premialità (varrebbe di più), quella dovuta alla vendita di armi dovrebbe avere una penalità (varrebbe meno). Questo spingerebbe le nazioni a sostenere economicamente soprattutto le attività, che producono effetti sociali positivi, dentro e fuori la nazione. C'è un primo tentativo di superamento del PIL, basato sul Benessere Equo e Sostenibile (BES), entrato per la prima volta nella Legge di Bilancio italiana approvata il 28 luglio 2016, ma che al momento ha solo un valore simbolico. Il BES individua e misura centotrenta indicatori per valutare il benessere del Paese in dodici dimensioni[6]:

1. salute
2. istruzione e formazione
3. lavoro e conciliazione tempi di vita
4. benessere economico
5. relazioni sociali
6. politica e istituzioni
7. sicurezza
8. benessere soggettivo
9. paesaggio e patrimonio culturale
10. ambiente
11. ricerca e innovazione
12. qualità dei servizi

Esiste anche una versione su scala urbana, UrBES[7], che misura gli indicatori di ventinove città – tra cui le quattordici città

---

[6] www.istat.it/it/misure-del-benessere
[7] www.istat.it/it/archivio/153995

metropolitane – e una sua scala provinciale[8] per ventisei capoluoghi. Ma questo è un altro tema, che esula dalle finalità del libro. Torniamo, invece, all'organizzazione della città e della vita quotidiana.

Il modello precedentemente descritto è un modello organizzativo della città che risale agli anni del dopoguerra, ormai non più in linea con le esigenze e i bisogni della società del terzo millennio.

Quale evoluzione c'è stata dagli anni '80 a oggi? Quanti guardano quotidianamente il TG delle tredici e trenta e delle venti? Pochi, pochissimi. In compenso, è possibile guardare un notiziario alle sei del mattino, dopo la mezzanotte o su internet, quando se ne ha voglia. I barbieri sono aperti anche il lunedì, le attività commerciali alimentari anche il giovedì. Molte attività prevedono l'orario continuato e i centri commerciali sono aperti anche l'intera giornata di domenica. Chi lavora spesso fa orario continuato o ha rientri pomeridiani. Gli aggiornamenti professionali, che prima quasi non esistevano, ora si tengono anche di domenica. Il superfluo è diventato preponderante rispetto al necessario. Si ripara poco e si sostituisce anche ciò che funziona, generando un rifiuto. Se un tempo i rifiuti non esistevano e successivamente li si gestivano, oggi alcuni oggetti nascono già rifiuti. Ad esempio, quando si acquista un nuovo smartphone, cioè un cellulare con connessione a internet, la confezione contiene anche il manuale cartaceo, che nessuno leggerà, perché qualunque informazione sul dispositivo sarà cercata su

---

[8] www.besdelleprovince.it/bes-delle-province-2015

internet con lo stesso dispositivo! Quel manuale d'uso è un rifiuto cartaceo nel momento stesso in cui è prodotto, ma avrà un costo sull'acquirente e sulla collettività, senza essere stato mai utilizzato.

Nonostante questa profonda mutazione, resistono ancora organizzazioni di lavoro che non sono in linea con gli attuali ritmi delle attività quotidiane. In particolare, molti settori dei servizi sono ancora rigidamente legati a orari e luoghi fisici. Ad esempio, il portalettere consegna la raccomandata – che necessita di firma di accettazione – al mattino, quando in casa non c'è nessuno, così come sportelli di banche e pubbliche amministrazioni hanno gli stessi orari di apertura e chiusura di altre organizzazioni private: chi lavora non può andare in banca a sbrigare faccende e viceversa, a meno di non assentarsi dal proprio posto di lavoro. In breve, fino ad alcuni anni fa era necessario spostarsi sempre fisicamente da un luogo a un altro. D'ora in poi, invece, si inizierà a essere "presenti" in alcuni luoghi, senza esserci fisicamente, grazie alle nuove tecnologie. Basti pensare a tutti gli oggetti, che già oggi si acquistano comodamente dalla poltrona di casa tramite internet (e-commerce): cellulari, TV, elementi di arredo per la casa, cosmetici, polizze di assicurazione, eccetera. Un tempo, l'unica modalità di acquisto era quella del cliente che raggiungeva il prodotto, oggi è possibile anche che il prodotto o il servizio raggiunga il cliente. Questa nuova modalità di acquisto di beni e servizi o di semplice soddisfacimento di un bisogno ha una serie di vantaggi: si può eseguire l'operazione a qualunque ora, in qualunque giorno dell'anno; non richiede tempo per raggiungere un luogo fisico; non ci sono code da rispettare e tempi di attesa; si conserva agevolmente una traccia dell'operazione eseguita; si facilita il processo per una successiva operazione, poiché spesso i dati possono essere memorizzati; si monitora l'intero percorso di consegna, tramite il cosiddetto "tracking"; si può concordare un orario e le modalità per la consegna, in caso di prodotto.

Ancora. Una conference call è una riunione in cui più persone si incontrano in un luogo non fisico, spesso su internet tramite programmi dedicati ed è anche possibile vedersi tramite webcam. Pertanto, nella stessa giornata si può partecipare in rapida successione a una conference call con colleghi asiatici, poi a una con colleghi europei di diversa nazionalità, poi a un'altra con colleghi o amici della stessa città, senza essersi mai mossi dalla propria scrivania. E tra l'una e l'altra si può prendere il caffè con il collega dell'ufficio accanto. Internet crea nuove tipologie di utenti, che in prima battuta utilizzano le tecnologie per svago o divertimento, poi per lavoro o per soddisfare esigenze quotidiane indispensabili. Col passare dei giorni, senza rendercene conto, ci trasformiamo in cittadini e lavoratori digitali, anche se l'informatica non è la nostra occupazione principale. Un esempio. Quante volte al giorno controlliamo la cassetta della posta vicino alla porta di casa e quante la casella Email? Una volta contro tante volte o ininterrottamente, per chi lavora col pc! Quante cassette della posta abbiamo? Una per tutta la famiglia. E quante caselle Email? Una, due, cinque o più per ogni singola persona e/o attività lavorativa!

2. Smart city

Cos'è una smart city, impropriamente tradotta in italiano come *città intelligente*? Non esiste al momento una definizione univoca e condivisa, né a livello italiano né a livello mondiale. Le prime idee concrete di smart city sono nate in Brasile nel 2000, mentre in Europa le prime azioni efficaci (documenti istituzionali ufficiali, finanziamenti, ecc.) risalgono al 2010. In Italia , il D.L. n. 12/179 del 18 ottobre 2012, noto come Decreto Crescita del governo Monti, ha introdotto per la prima volta il concetto di "comunità intelligente" agli articoli 19 e 20, introducendo nozioni quali la creazione del documento digitale unico, la costituzione del domicilio digitale, l'incentivazione di meccanismi di approvvigionamento elettronico di beni e servizi (e-procurement), la promozione di sistemi di trasporto intelligenti, l'istruzione, la giustizia, la sanità digitale e così via.

Una recente definizione è quella che compare in un documento della Cassa Depositi e Prestiti[9].

Smart è una città che:

• secondo una visione strategica e in maniera organica, impiega gli strumenti dell'ICT come supporto innovativo degli ambiti di gestione e nell'erogazione di servizi pubblici, grazie

---

[9] www.cdp.it/Media/Studi/Report-Monografici/Smart-City.kl, settembre 2013.

anche all'ausilio di partenariati pubblico-privati, per migliorare la vivibilità dei propri cittadini;

- utilizza informazioni provenienti dai vari ambiti in tempo reale e sfrutta risorse sia tangibili (ad es. infrastrutture di trasporto, dell'energia e delle risorse naturali) sia intangibili (capitale umano, istruzione e conoscenza, capitale intellettuale delle aziende);

- è capace di adattare sé stessa ai bisogni degli utenti, promuovendo il proprio sviluppo sostenibile.

Questa definizione, per quanto recente, sembra focalizzare l'attenzione particolarmente sullo scambio di dati e relativa interpretazione, grazie a strumenti informatici e di comunicazione a distanza. Infatti, ICT sta per *Information and Communication Technology*, ovvero un insieme di tecnologie, che consentono la trasmissione, ricezione ed elaborazione dei dati. La smart city è sicuramente questo, ma anche tanto altro. Anzi, è soprattutto altro. Una definizione più ampia e che condivido pienamente è quella del Progetto European Smart Cities[10] secondo cui *le smart city sono le città che hanno buone prestazioni nelle sei caratteristiche principali:*

- *smart economy*
- *smart environment*
- *smart governance*
- *smart living*
- *smart mobility*
- *smart people*

---

[10] www.smart-cities.eu

Cosa rappresenta ciascuna di esse? Ogni comune italiano che ha avviato un percorso di smart city ha esplicitato nel proprio sito internet il significato delle sei aree; uno di questi è il Comune di Bergamo[11].

Entriamo ora nel merito di ciascuna caratteristica.

Smart economy

Le nuove tecnologie contribuiscono a orientare il sistema produttivo verso comportamenti migliori, soddisfacendo le esigenze dei cittadini, delle imprese e del territorio. La smart economy partecipa all'attivazione di *incubatori d'impresa* per la creazione di startup (nuove società) innovative, con le quali sostenere la crescita dell'imprenditorialità, favorendo la nascita di nuove idee e nuovi mestieri basati sulla tecnologia, con l'occhio puntato all'internazionalizzazione. Sempre più spesso si parla di *Industria 4.0*, intesa come la nuova tipologia di industria, associata a un impiego sempre più pervasivo di dati e tecnologie computazionali, di nuovi materiali, componenti e sistemi totalmente digitalizzati e connessi.

Particolare attenzione deve essere posta anche su due ambiti, per i quali sempre più spesso gli organi di governo centrali e locali finanziano interventi specifici. Il primo è la *green economy*, economia verde, cioè tutto ciò che ruota intorno a un'economia sostenibile e a tutela dell'ambiente. Vi rientrano tutte le iniziative economiche

---

[11] www.bergamosmartcity.com

legate alle energie rinnovabili, dalla produzione e distribuzione di prodotti e sistemi energetici fino alla progettazione, installazione e manutenzione di impianti, dalla domotica per il risparmio energetico in case, uffici e capannoni fino a sistemi innovativi per la raccolta dei rifiuti e successivo riutilizzo, dai sistemi per la riduzione delle emissioni in atmosfera fino a quelli per la riduzione del consumo di acqua, di suolo e sottosuolo, e così via. Accanto all'economia verde, sempre più rilevanza sta assumendo la *blue growth*, *crescita blu*, ovvero la strategia dell'UE per sostenere lo sviluppo economico nei settori marino e marittimo. La strategia riconosce che i mari e gli oceani rappresentano un motore per l'economia europea. A oggi, la cosiddetta "economia blu" impiega 5,4 milioni di persone e genera un valore aggiunto di quasi cinquecento miliardi di euro all'anno. A livello europeo sono stati individuati cinque settori chiave per una *crescita blu* sostenibile: turismo costiero e marittimo; energie rinnovabili marine; acquacoltura; risorse minerali marine; biotecnologie blu. Altri importanti settori e attività da potenziare sono rappresentati dalla pesca, dal trasporto marittimo, dal settore cantieristico, dalle attività offshore. È facile intuire che in entrambi questi ambiti possono collocarsi importanti iniziative economiche basate su startup innovative, come precedentemente introdotto. Queste nuove attività economiche devono aggiungersi a quelle già esistenti e consolidate, ad esempio quelle del *settore primario* (agricoltura, pesca, allevamento) e del *turismo*, di cui si parlerà nella sezione *smart living*. Il settore primario è sempre stato un motore dell'economia delle nazioni. Continuerà a esserlo nei prossimi decenni, ma è necessario che le attività agricole tradizionali, spesso a conduzione familiare, sfruttino pienamente la tecnologia disponibile, per non essere schiacciate dai concorrenti di dimensione maggiore. A tal fine, sono essenziali tre elementi. Primo, i prodotti devono essere proposti su *tutti i canali di vendita*, in particolare potenziando il *commercio elettronico*, che è solitamente non considerato o contemplato solo marginalmente. Sempre più nei prossimi anni saranno le merci a raggiungere i clienti, mentre oggi accade prevalentemente il contrario. Secondo, le aziende del settore primario di piccola dimensione si trovano a competere con aziende maggiori, che hanno una *dotazione tecnologica* superiore, quindi la competizione è impari. È necessario cercare di stare al passo tecnologico, ma spesso gli investimenti necessari non sono sostenibili da piccole realtà economiche. Quindi, terzo, diventa necessario che le piccole aziende si *aggreghino*, almeno dal punto di vista funzionale e produttivo, pur restando aziende giuridicamente separate, in realtà economiche di maggiori dimensioni, in modo da ridurre pro quota – gli indifferibili investimenti in dotazione tecnologica, promozione dei prodotti e diversificazione dei canali di vendita. Inoltre, non bisogna perdere l'appuntamento con il piano *Agricoltura 2.0*, che consentirà a 1,5 milioni di aziende agricole di limitare il tempo dedicato agli adempimenti burocratici, grazie a sei strumenti: anagrafe unica, fascicolo aziendale, domanda PAC precompilata, pagamento anticipato, banca dati unica certificati, domanda unificata.

Da ultimo, la *smart economy* si basa sulla capacità delle aziende di *disarticolare* il proprio mercato di riferimento, ovvero di proporre almeno alcune soluzioni e servizi diversi da quelli dei concorrenti che operano sullo stesso mercato. Un mercato non disarticolato, quindi consolidato su prodotti maturi, fa sì che la competizione tra i concorrenti si basi soltanto sul prezzo, livellandolo verso il valore minimo di vendita, ma ciò non consente alle aziende di avere il necessario margine per ulteriori investimenti in nuova forza-lavoro e innovazione. Ad esempio, nel settore delle costruzioni di civili abitazioni, caratterizzato fortemente da soluzioni basate sul cemento armato, la disarticolazione del mercato si può ottenere proponendo anche soluzioni basate su legno massiccio multistrato, che in alcune zone d'Italia sta riscuotendo un certo interesse. Ciò consente di creare un nuovo mercato, inizialmente di nicchia, con pochi concorrenti ed elevati margini di sviluppo nel breve e medio periodo. È il caso di evidenziare che quanto appena detto non riguarda solo imprese ad alto tasso di tecnologia, ma tutte le imprese e le attività artigianali/commerciali.

Smart environment

I cittadini diventano protagonisti attivi della progettazione della smart city e ciò diventa particolarmente significativo nella realizzazione della *smart environment*, ovvero nel rendere migliore l'ambiente che ci circonda. Il *singolo cittadino* può dare il suo contributo in diversi modi: corretta ed efficiente raccolta differenziata, preferendo riuso e riciclo, e mettendo in pratica comportamenti rispettosi per l'ambiente; scelta di mezzi alternativi per gli spostamenti, al fine di limitare le emissioni di CO2; partecipazione attiva a campagne di sensibilizzazione per il rispetto dell'ambiente, in particolare per scopi educativi dei bambini.

La *pubblica amministrazione*, dal canto suo, dovrebbe prestare particolare attenzione ai piani di raccolta differenziata, di mobilità alternativa, di sistemi di illuminazione a risparmio energetico, di monitoraggio della qualità dell'aria, di tutela del verde urbano con specifiche azioni di miglioramento dei parchi e delle aree naturali, al fine di intervenire tempestivamente in casi anomali, prima che diventino critici.

La *scuola* ha un ruolo molto importante nell'educare i futuri adulti alla conservazione del proprio spazio di vita attraverso i temi appena descritti.

Anche le singole *aziende* devono partecipare alla tutela dell'ambiente su cui insistono, tramite una corretta gestione dei cicli lavorativi, di smaltimento dei rifiuti e di riduzione delle emissioni prodotte sia in azienda sia dai propri automezzi.

Le fonti di energia rinnovabile assumono un ruolo di primo piano nello sviluppo dello *smart environment*, al fine di perseguire un modello sostenibile. All'*edilizia* spetta un compito particolarmente rilevante nello *smart environment*, perché il costruito (edifici, strade, ponti, ecc.) impattano decisamente sul territorio; devono, pertanto, prediligere soluzioni ecologiche ed edifici massimamente efficienti da un punto di vista energetico. Soluzioni innovative per il risparmio e l'efficienza energetica devono costituire l'ossatura del nuovo costruito, non una semplice possibilità. A tale riguardo, è fondamentale porre attenzione alla differenza tra "risparmio energetico" ed "efficienza energetica". Il timer, o sensore di presenza, che spegne automaticamente una lampada consente un risparmio energetico. La lampada accesa, che consuma meno di un'altra, ha maggiore efficienza energetica. Quindi, bisogna unire i vantaggi dell'efficienza energetica dei dispositivi con i vantaggi del risparmio energetico derivante dalla buona progettazione e gestione dei sistemi di controllo dei dispositivi ad alta efficienza.

Infine, bisogna ricordare che le risorse naturali di una *nazione* costituiscono il suo tesoro e che ogni trasformazione di una risorsa naturale è accompagnata sempre da una perdita del suo valore, cosicché lo sfruttamento delle risorse naturali deve seguire una scala di priorità per minimizzare l'erosione del tesoro nazionale.

In attesa che lo Stato italiano si doti di un Piano energetico nazionale – atteso da troppo tempo, nonostante nel 2013 il governo Monti avesse approvato la Strategia energetica nazionale, avente però un orizzonte limitato al vicino 2020 – un ordine delle priorità per lo sfruttamento delle risorse naturali energetiche è il seguente:

1. non utilizzare risorse naturali, se non assolutamente necessario.

2. Se necessario, preferire sistemi la cui fonte primaria si rigenera più velocemente (rinnovabili).

3. Se necessario usarle, sfruttare le risorse direttamente disponibili senza alcun intervento infrastrutturale.

4. Se necessario intervento infrastrutturale, preferire infrastrutture poco invasive, che producono impatto minimo.

5. Anche se a impatto nullo o minimo, imporre un uso razionale delle risorse, al fine di consumarne il meno possibile.

6. Anche se le risorse sono usate in modo razionale, usare solo sistemi di utilizzo ad alta efficienza.

7. Anche con sistemi ad alta efficienza, preferire quelli con esternalità negative nulle o molto limitate.

8. Anche in presenza di esternalità negative limitate, preferire sistemi con esternalità positive elevate.

9. Diversificare geograficamente gli impianti per consentire all'ecosistema di assorbire gli impatti negativi.

10. Limitare temporalmente lo sfruttamento delle risorse e imporre il ripristino dello stato dei luoghi.

<u>Smart governance</u>

Cambiano, rispetto al passato, i *rapporti* tra pubbliche amministrazioni e cittadini. Grazie alle nuove tecnologie, i cittadini possono dialogare in maniera diretta, semplice e più funzionale con le pubbliche amministrazioni, mentre queste ultime riescono a dare risposte più immediate alle legittime richieste di sviluppo economico e sociale di interi territori.

Partecipazione e trasparenza sono gli elementi chiave del dialogo tra cittadini e pubblica amministrazione, in una relazione alla pari e non più unidirezionale, come invece avveniva in passato.

Anche la *semplificazione amministrativa* è elemento centrale di una smart city, che prevede la virtualizzazione della maggior parte dei processi gestionali e amministrativi, con ricadute immediate per cittadini e imprese.

La *smart governance* coinvolge i cittadini nei temi di rilevanza pubblica (mobilità, rifiuti, energia, ecc.) e promuove azioni di sensibilizzazione sui temi di interesse della collettività. Un esempio è riportato a fine libro e riguarda la Carta dei valori.

La *smart governance* rende facilmente accessibili e utilizzabili, senza alcun filtro burocratico con l'amministrazione, i dati di interesse per la collettività, detti *open data*, cioè informazioni aperte al pubblico. L'uso di open data, ad esempio, implica che le decisioni deliberate in consiglio comunale siano facilmente accessibili tramite pc da casa. In tal senso, il Comune di Bologna ha un sito internet[12] dedicato esclusivamente agli open data di Bologna, tra cui ci sono le delibere di consiglio comunale[13] e di

---

[12] dati.comune.bologna.it
[13] dati.comune.bologna.it/node/2272, dataset relativo ai Consigli del 1° trimestre 2016.

giunta comunale[14]. Mettere online i verbali dei consigli comunali in formato pdf, dopo averli scansionati, non è open data, perché è necessario aprire ogni file e cercare manualmente l'informazione desiderata; questa modalità crea semplicemente un archivio digitalizzato, accessibile al pubblico. Invece, bisogna *informatizzare* (e non *digitalizzare*) la pubblica amministrazione. Informatizzare significa che i *contenuti* (non le scansioni) delle delibere di consiglio comunale siano memorizzate in database interrogabili, sui quali il cittadino può cercare le informazioni di interesse, semplicemente digitando una o più parole-chiave, come accade per un qualunque motore di ricerca su internet (es. Google). È evidente che una pubblica amministrazione informatizzata offre ai cittadini servizi più performanti rispetto a quelli di una pubblica amministrazione digitalizzata, sia in termini di efficacia (se una ricerca con parola-chiave non restituisce alcun risultato, significa che non esiste nel database) sia in termini di efficienza (minor tempo per trovare il documento di interesse).

Il portale dell'Agenzia per l'Italia Digitale[15] (AgID), ospita il catalogo degli open data pubblicati dai ministeri, dalle regioni, dagli enti locali italiani.

In attesa che divenga operativa e obbligatoria *l'Identità Digitale*[16], detta anche SPID (Sistema Pubblico di Identità Digitale),

---

[14] dati.comune.bologna.it/node/600, dataset relativo alle giunte comunali di Bologna.
[15] www.agid.gov.it
[16] www.spid.gov.it

che assegnerà a ogni cittadino italiano un identificativo digitale unico col quale poter interagire efficacemente con qualunque pubblica amministrazione d'Italia, la *smart governance* di una singola città può prevedere un primo passo in tal senso. L'amministrazione comunale potrebbe avviare progetti-pilota, per consentire ai cittadini già in possesso dell'identità digitale, di utilizzarla per comunicazione o richiesta all'amministrazione. Non solo: il cittadino potrebbe ricevere direttamente avvisi e comunicazioni, sia di interesse personale (stato di avanzamento di una pratica o documento) sia di interesse collettivo (variazioni alla mobilità nella propria strada di residenza, interruzione programmata di servizi pubblici, ecc.). Come si vedrà nella sezione *smart living*, è già possibile richiedere la propria identità digitale e sono già attivi servizi a essa connessi.

<u>Smart living</u>

Una città intelligente è un luogo che comunica con i cittadini anche attraverso le *nuove tecnologie*, basate sui social (Facebook, Twitter, eccetera). In particolare, il settore turistico dovrebbe utilizzare al meglio le componenti smart, per migliorare la valorizzazione paesaggistica e ambientale di un territorio, oltre che per favorire una fruizione sostenibile dei luoghi di maggiore interesse, che spesso coincidono anche con quelli aventi maggiore presenza di attività antropiche. Queste azioni sono di interesse diretto delle strutture ricettive.

La *smart living innova* nella tradizione, fondando il proprio presente e futuro sulla valorizzazione della sua storia e della sua identità. L'utilizzo della tecnologia consente la promozione della propria immagine turistica su internet, rendendo fruibile il patrimonio storico-culturale della città, seppure in modalità virtuale. La tecnologia consente di creare percorsi e "mappature" tematiche della città e del territorio vicino, per renderli facilmente fruibili. Ciò stimola il visitatore virtuale a programmare un viaggio in quei luoghi.

La *smart living valorizza* storia, cultura, arte e tradizioni della città, riorganizzando risorse umane e creando nuovi servizi, tra cui spazi di condivisione. La multimedialità diventa essenziale per realizzare una rete di contenuti multimediali e georeferenziati, che promuove il territorio e le sue peculiarità.

La *smart living* prevede anche la *sicurezza* del cittadino, dei visitatori, dei monumenti e delle imprese del territorio. Quindi, implementa sistema basati sulle nuove tecnologie, che consentono di monitorare il territorio, principalmente a scopo preventivo. A tal fine, sistemi connessi e integrati di video-sorveglianza, supportati da applicazioni digitali, contribuiscono alla tutela dei beni comuni e contrastano i fenomeni predatori e di offesa.

La *smart living* implementa sistemi dedicati alle persone con *altre abilità* e prevede luoghi di condivisione – basati anche su nuove tecnologie – che mitigano il disagio sociale e favoriscono l'integrazione. La *smart living* prevede sistemi e azioni per soddisfare i bisogni di *salute e cura* dei cittadini, limitando la mobilità passiva ai soli casi strettamente necessari. In quest'ultimo ambito, sono molto frequenti i casi di innovazioni tecnologiche, che hanno portato anche alla creazione di società startup, che forniscono servizi e prodotti per la cura in casa e in strutture sanitarie o parasanitarie. Molto diffuse, ad esempio, sono le app (software per smartphone o tablet) destinate al monitoraggio di parametri fisici, sia per attività agonistiche sia per attività quotidiane. L'ambito medico-sanitario, sia per gli aspetti prettamente medicali sia per quelli gestionali, è particolarmente interessato da una capillare penetrazione della tecnologia. Un esempio virtuoso è quello della Puglia, tra le prime regioni d'Italia ad adottare il Fascicolo Sanitario Elettronico[17] (FSE), ovvero l'insieme dei dati e dei documenti digitali di tipo sanitario e socio-sanitario di un singolo cittadino, generati a seguito di eventi clinici. Il Fascicolo sanitario pugliese, istituito nel 2012 e avviato nel 2016, consente di fornire un quadro clinico completo e particolareggiato, per migliorare l'assistenza e la cura dell'assistito, quando si rivolge al proprio medico di medicina generale o si reca presso una struttura sanitaria o sociosanitaria del Servizio sanitario regionale. Per accedere al proprio fascicolo sanitario è necessario dotarsi dell'identità digitale (SPID), che ognuno può richiedere gratuitamente[18]. È anche disponibile l'app PugliaSalute[19], che consente sia di trovare facilmente informazioni sulle strutture

---

[17] www.sanita.puglia.it
[18] www.spid.gov.it/richiedi-spid
[19] www.sanita.puglia.it/web/pugliasalute/app

sanitarie pugliesi, dalle farmacie di turno al primo soccorso, sia di accedere ad alcuni servizi quali pagamento ticket, prenotazione con ricetta dematerializzata, disdetta prenotazione, eccetera.

A questo elenco si possono aggiungere tanti altri ambiti, come è facilmente intuibile.

Smart mobility

La *smart mobility* comprende soluzioni che rendono i luoghi più vivibili con costanti e puntuali aggiornamenti, piste ciclabili sicure e continue per lunghe tratte, parcheggi d'interscambio che evitino il congestionamento della città. Una mobilità intelligente deve infatti garantire una regolamentazione dell'accesso ai centri storici a favore di una maggiore vivibilità e di una mobilità lenta, l'adozione di soluzioni avanzate di gestione della mobilità e di info-mobilità per gestire gli spostamenti quotidiani dei cittadini e gli scambi con le aree più vicine o punti di interesse (zone industriali, commerciali, ospedali, ecc.). Le zone pedonali non si fissano una volta per sempre, ma si adeguano alle esigenze della città, alla sua vita quotidiana . La città, al pari dei cittadini che la abitano, è viva e si modifica e innova di giorno in giorno. La *smart mobility* è costantemente sintonizzata con le esigenze di cittadini e imprese.

Rientrano nell'idea di *smart mobility* tutte le soluzioni che mettono il cittadino in condizione di avere spostamenti agevoli, buona disponibilità di trasporto pubblico innovativo e sostenibile con mezzi a basso impatto ecologico. Per ottenere questi risultati servono sistemi di pianificazione del viaggio e di ottimizzazione delle rotte e del trasporto, sistemi che permettano il pagamento o la prenotazione tramite strumenti tecnologici, oltre a sistemi di condivisione di auto e biciclette (car sharing, bike sharing).

Se non gestita opportunamente, la mobilità produce un'emergenza ambientale, in considerazione degli effetti negativi direttamente imputabili a essa, quali:

- inquinamento atmosferico;
- inquinamento acustico;
- incidenti stradali;
- danni paesaggistici;
- danni sociali e costi sanitari connessi agli incidenti;
- inefficienza tecnico-economica derivante dalla congestione del traffico;
- progressiva lentezza veicolare con conseguente onerosità del trasporto e della distribuzione delle merci.

Smart people

La smart city si crea grazie alla partecipazione attiva, l'impegno, l'adesione al territorio da parte dei singoli: è il cittadino l'anima del cambiamento del proprio territorio, condividendo conoscenza, idee e creatività.

La *centralità del cittadino* e la sua partecipazione attiva e consapevole alla vita e alle decisioni che cambiano il territorio rendono i cittadini stessi protagonisti del proprio cambiamento. Sono le persone consapevoli che rendono *smart* una città, non viceversa. E si comprende anche che la smart city interagisce con tutte le persone presenti in città: non solo con i cittadini, ma anche con turisti, pendolari, pellegrini, avventori di qualunque tipo, stanziali o di passaggio. Cosicché è riduttivo parlare di cittadino. È più idoneo il termine *city-user*, cioè utente della città, ovvero qualunque persona che vive la città, per scelta, per piacere, per lavoro, per svago, per visita a parenti e amici, per motivi religiosi o politici, per affari, e così via. La smart city è accogliente con chiunque sia presente sul suo territorio; ad esempio, un accesso pubblico alla rete wifi è garantito a tutti i city-user, non solo ai cittadini. D'ora in poi, nel libro sarà usata l'accezione ampia di city-user, a meno che non ci si riferisca espressamente ai cittadini.

3. Un esempio dalla realtà

Come già detto, il comune di Bergamo scelse anni fa di aderire alla strategia della Smart city. Una delle azioni è stata la pubblicazione su internet degli open data relativi agli incidenti sul suo territorio: tipologia di incidente, luogo dell'incidente, data e ora, mezzi coinvolti, numero di feriti o illesi o deceduti.

Un giornalista di una testata locale analizzò i dati, li collocò su una mappa e rilevò che in un incrocio della città si erano verificati settanta incidenti in tre anni. L'amministrazione comunale prese atto della criticità e modificò le caratteristiche e la viabilità dell'incrocio pericoloso. Le nuove statistiche dissero che in quell'incrocio, nei sei mesi successivi, si erano verificati zero incidenti! Questo esempio dimostra come l'utilizzo degli open data abbia prodotto i seguenti risultati positivi per la città:

- riduzione drastica del numero di incidenti e dei conseguenti stati di ansia e agitazione (*smart living*);
- riduzione dei costi sanitari di intervento e cura delle persone coinvolte negli incidenti, oltre a quelli legati al risarcimento dei danni connessi (*smart economy*);
- miglioramento della scorrevolezza del traffico e riduzione dei tempi di percorrenza (*smart mobility*);
- riduzione di emissioni di CO_2 in atmosfera per la migliorata scorrevolezza del traffico (*smart environment*);
- riduzione di rifiuti, le parti non riparabili dei veicoli incidentati.

4. Divario digitale e innovazione

Da quanto appena descritto, si comprende che non è sufficiente avere dei punti d'accesso wifi gratuiti o dei lampioni a led con pannello fotovoltaico per poter dire di vivere in una smart city. Eppure, sempre più pressante diventa la necessità di indirizzarsi verso quest'ultima. Infatti, a partire dai bandi europei del 2014, la progettualità legata al mondo delle smart city ha iniziato a proliferare e sono stati erogati importanti finanziamenti, sia in termini qualitativi che quantitativi. Pur tuttavia, è evidente che è molto più efficace e rapida la costruzione di una smart city dal basso, cioè basata sul coinvolgimento dei city-user, piuttosto che attendere decisioni dall'alto. Non è tanto la quantità di energia risparmiata o la qualità dei materiali o delle tecnologie utilizzate a rendere più intelligente una città, quanto la capacità di funzionare come parte integrante di un sistema più ampio, basato su partecipazione attiva, capitale umano, istruzione e sostegno allo sviluppo urbano. Tutto ciò necessità di incrementare le competenze digitali medie della popolazione, perché l'elevata differenza di conoscenza della tecnologia tra gli individui introduce un nuovo tema, noto come "digital divide", cioè divisione digitale.

Chi ha di più, può permettersi nuove tecnologie e accesso a canali di informazione, di formazione, di utilizzo proficuo delle nuove tecnologie, possibilità che è preclusa a chi ha meno risorse. Solo quando la tecnologia diventa matura e a basso costo (obsoleta per i ceti abbienti), essa diviene disponibile a tutti. Nel frattempo, i ceti abbienti sono già proiettati sulla tecnologia e innovazione successiva. Nei casi estremi si possono avere anche distanze di più generazioni tecnologiche. Ad esempio, considerando l'evoluzione pc→smartphone→tablet, risulta che vi sono persone in possesso di tablet di ultima generazione e altre che non hanno alcuna familiarità col pc. Di queste ultime, molte hanno lo smartphone, perché sono arrivate alla tecnologia successiva senza aver mai avuto contatto con la precedente (il pc); cosicché, non conoscendone le potenzialità, esse non avrebbero contezza dello strumento tecnologico, anche qualora fosse utile ai loro scopi. Semplicemente è una conoscenza che non hanno. Si generano così, quasi involontariamente, vere e proprie "caste tecnologiche" con diversi livelli di privilegio. Per evitare questa disparità sociale è necessario che si attivino azioni di *alfabetizzazione digitale*, delle quali può farsene carico sia la pubblica amministrazione sia associazioni di promozione sociale: sempre più frequente è il caso di associazioni che recuperano vecchi pc, portatili e smartphone, li ricondizionano e poi li mettono a disposizione dei meno abbienti della collettività. Ad oggi, il più recente riferimento normativo che si occupa del divario digitale è il già citato Decreto Crescita 2.0 (D.L. n. 12/179 del 18 ottobre 2012).

Successivamente, il 28 luglio 2015, la Commissione per i diritti e i doveri in internet della Camera dei deputati ha presentato la *Dichiarazione dei diritti in Internet*[20], in cui si individuano i principali elementi e diritti, necessari a garantire "il pieno rispetto della dignità, della libertà, dell'eguaglianza e della diversità di ogni persona, che costituiscono i principi in base ai quali si effettua il bilanciamento con altri diritti". Questi sono il diritto di accesso a internet, il diritto alla conoscenza e all'educazione in rete, la neutralità della rete, la tutela dei dati personali, il diritto all'autodeterminazione informativa, il diritto all'inviolabilità dei sistemi, dei dispositivi e domicili informatici, il diniego al

---

[20] www.camera.it/application/xmanager/projects/leg17/commissione_internet/dichiarazione_dei_diritti_internet_pubblicata.pdf

trattamento automatizzato dei dati personali, il diritto all'identità, la protezione dell'anonimato, il diritto all'oblio.

Molti di questi diritti hanno bisogno di strumenti attuativi coordinati con altre nazioni. Diverse azioni previste nella dichiarazione sono già in corso, come descritto nel Terzo Piano d'Azione Nazionale[21], valido per il biennio 2016-2018. Di particolare interesse, per quanto discusso in questo paragrafo, sono la sezione dedicata alla *cittadinanza digitale* (in particolare l'azione 31 sull'osservatorio dei diritti digitali[22]) e la sezione dedicata alle *competenze digitali* (in particolare l'azione 33 sulla promozione delle competenze[23] e l'azione 34 sulle modalità con cui si diventa cittadini digitali[24]). Ciascun cittadino può monitorare lo stato di attuazione[25] del Piano nazionale, in modo da essere aggiornato sulle novità dei prossimi mesi e anni. Infine, è utile ricordare che, fino al 27 maggio 2017, chiunque potrà rispondere al questionario online su diritti e cittadinanza digitale[26], fornendo le proprie esperienze e suggerimenti.

Un altro elemento da considerare, direttamente legato al precedente, è l'innovazione, perno fondamentale della smart city. *Innovazione* da intendersi sia nell'accezione tipica riferita alla

---

[21] open.gov.it/terzo-piano-dazione-nazionale, il primo e il secondo piano d'azione hanno riguardato i bienni 2012–2014 e 2014–2016, rispettivamente.
[22] open.gov.it/consultazione-terzo-nap/osservatorio-sui-diritti-digitali
[23] open.gov.it/consultazione-terzo-nap/promozione-competenze-digitali
[24] open.gov.it/consultazione-terzo-nap/diventare-cittadini-digitali
[25] open.gov.it/monitora
[26] open.gov.it/questionario-online-sui-diritti-la-cittadinanza-digitale

tecnologia sia nel più ampio significato di miglioramento di ogni aspetto della vita quotidiana. Ad esempio, la diffusione di buone prassi amministrative da un'amministrazione all'altra non dovrebbe essere facoltativa, ma obbligatoria. Oggi non è così. L'innovazione è considerata un bene di lusso, di cui si può fare a meno, quando mancano le risorse necessarie. Logica conseguenza è che chi ha più mezzi, dispone di maggiore sviluppo innovativo e di qualità superiore, mentre chi ne ha meno, raggiunge risultati inferiori e di più bassa qualità. Questa distanza tende naturalmente ad aumentare ed è necessario che uno stato 'giusto' si faccia carico di governarne le disuguaglianze. Uno stato 'giusto' dovrebbe prevedere *l'innovazione come diritto costituzionalmente garantito a ognuno e come suo dovere morale ad adoperarsi, affinché ciascun cittadino ne abbia accesso nel più breve tempo possibile.* Persone che usano gli stessi strumenti sono naturalmente portate a interagire proattivamente, quindi *l'innovazione, concepita come diritto di ognuno ad accedervi, rappresenta un potente strumento di equilibrio e coesione sociale.*

Nella Costituzione italiana attualmente in vigore, la parola "innovazione" compare una sola volta all'articolo 117 del Titolo V[27], che regolamenta il potere legislativo tra stato e regioni. È nominata specificatamente come sostegno dei settori produttivi, limitandone enormemente le potenzialità.

---

[27] Estratto dell'art. 117 della Costituzione italiana: "Sono materie di legislazione concorrente quelle relative a: …[omissis]; ricerca scientifica e tecnologica e sostegno all'innovazione per i settori produttivi".

Affinché un Paese riesca a migliorare la qualità della vita dei suoi cittadini, deve alzare l'asticella dei bisogni ritenuti primari e includervi l'innovazione, ricordando inoltre che quest'ultima è figlia delle nuove generazioni. Credere nell'innovazione significa credere nei giovani e nel futuro del Paese.

5. Finanziamenti europei

I finanziamenti per l'infrastruttura tecnologica a supporto della smart city sono principalmente di due tipi: pubblici o a partecipazione pubblico-privata. Nondimeno, alcune azioni possono essere intraprese anche da privati, mettendo in condivisione risorse e spazi. Il caso d'esempio più immediato è il wifi aperto o gli spazi messi a disposizione da associazioni per attività di co-working, ovvero di condivisione di esperienze lavorative. Particolarmente interessante negli ultimi anni è la possibilità di chiedere il finanziamento di progetti tramite il *crowdfunding*, ovvero un finanziamento collettivo sostenuto da tante persone con un piccolo contributo pro capite. Ovviamente, per avviare imprese startup innovative, particolarmente interessante è la partecipazione di investitori privati, legati a banche o fondi di investimento (*business angel, venture capitalist,* ecc.), di cui si riparlerà nell'ultimo capitolo. In tabella 1, invece, è riportato un quadro sintetico dei finanziamenti europei alle smart city, suddivisi per ambito di applicazione, il cui colore definisce quanto ciascuno strumento di finanziamento sia adatto a ciascun ambito di applicazione. A seconda delle necessità, la tabella può essere letta per riga o per colonna.

The colored cells of the matrix are transcribed as their colour (green / yellow / red); empty cells are left blank. The overall left-hand vertical label is **Strumenti UE**.

Categoria	Strumento	Voce	Building Manag. Systsems	Home Energy Management	Smart Applications	Innovation and enterprauners	Human Capital	ICT diffusion	Smart grid	Public lighting	Renewable energies	Waste Managem.	Water Managem	Pollution control	E–gov and E–dem	Procurement	Transparency	Education	Healthcare	Public Assets management	Public safety	Welfare services	City logistics	infomobility	Mobility services
			Buildings			**Economy and peolple**			**Energy**			**Environment**			**Government**			**Living**					**Mobility and Transport**		
Gestione diretta UE	HORIZON 2020	Excellence Science				red	yellow																		
Gestione diretta UE	HORIZON 2020	Industrial Leadership				green		green																	
Gestione diretta UE	HORIZON 2020	Societal challenges	yellow	yellow					green	red	yellow		green	green					green		yellow	yellow	green	yellow	green
Gestione diretta UE		COSME				green	yellow																		
Gestione diretta UE		LIFE+									yellow	red	green	green											red
Fondi strutturali		FESR		yellow		green			yellow	yellow	green				red					red		red			yellow
Fondi strutturali		FSE					yellow								red			yellow				green			
Strumenti BEI		ELENA		green					red	green	green														red
Strumenti BEI		JESSICA		yellow		red			red	yellow	yellow									red					yellow
Strumenti BEI		JEREMIE				green																			
Strumenti BEI		EUROPE2020 project bond initiat.						yellow	red		red														
Strumenti BEI		Risk sharing finance facility				green			red											yellow	green				

PPP	Sponsorizzazione																								
	Esco																								
	Società di trasformaz. urbana																								
	Locazione finanziaria																								
	Social impact bonds																								
	Project financing																								
	Project bond																								
Altra finanza privata	Mini Bond																								
	Venture philantropy																								
	Crowfunding																								

Tabella 1. Quadro sintetico dei finanziamenti europei, suddiviso per ambito di applicazione (Fonte: Report monografico 2013 – Smart City, Cassa depositi e prestiti).

🟩 Strumento molto adatto   🟨 Strumento mediamente adatto   🟧 Strumento poco adatto

Ad esempio, leggendo per riga e focalizzando l'attenzione sui finanziamenti HORIZON2020, si evince che le tre tipologie di finanziamento non sono ugualmente efficaci per progetti di smart city. Infatti, la prima tipologia (*Excellence Science*) è mediamente adatta (colore giallo) per azioni *Human Capital*, è poco adatta (colore rosso) per *Innovation and enterprauners*, e non è utilizzabile per nessun altro ambito. La seconda tipologia (*Industrial Leadership*) è molto adatta (colore verde) per i due ambiti *Innovation and enterprauners* e *ICT diffusion*, ma non utilizzabile per nessun altro settore di interesse. Infine, la terza tipologia, *Societal challenges*, è molto adatta per ben sei rami (*Smart grid, Water Management, Pollution control, Healthcare, City logistics, mobility services*), abbastanza adatta per altri diversi sei ambiti (*Building management systems, Home Energy management, Renewable energies, Public safety, Welfare services, Infomobility*), poco adatta per *Public lightning*, non utilizzabile per gli altri settori di riferimento.

Invece, leggendo la tabella per colonna, si individuano le linee di finanziamento più idonee per un fissato ambito di interesse. Ad esempio, focalizzando l'attenzione su *Innovation and enterprauners*, si evince che l'unico finanziamento efficace del pacchetto HORIZON2020 è *Industrial challenges*, ma ci sono diverse altre linee di finanziamento a cui attingere e che risultano molto adatte (colore verde): COSME, FESR, JEREMIE, *Risk sharing finance facility*. Questo esempio dimostra che il paniere di finanziamenti europei per la smart city è ampio e, contestualmente, complesso. Ogni linea di finanziamento ha ambiti specifici di applicazione e, viceversa, ogni ambito può essere finanziato solo da strumenti a esso dedicati.

In sintesi, la possibilità di ottenere un finanziamento europeo è legata a tre componenti fondamentali: obiettivo del progetto, individuazione del finanziamento più adatto, progettazione. L'obiettivo del progetto è l'ambito per il quale si chiede il finanziamento e tale obiettivo deve essere chiaro e definito, affinché si riesca a individuare la linea di finanziamento idonea. A questo punto è necessaria un'ottima progettazione dell'intervento richiesto, essendo altamente competitivo il livello dei partecipanti ai bandi europei. La possibilità di conoscere e seguire i progetti già finanziati, restando pertanto in sintonia con lo stato dell'arte, consente di approcciare il tema della progettazione europea con la giusta consapevolezza.

Sul sito dell'ANCI[28] sono riportati i dati di smart city e dei progetti in corso, da cui risultano investiti (al 10 marzo 2017) oltre 3,7 miliardi di euro, a beneficio di 158 comuni e oltre quindici milioni di cittadini, al netto degli altri investimenti generati dall'indotto e per l'indotto.

---

[28] italiansmartcity.it

Parte seconda – LA CAPITANATA

6. L'indicatore della popolazione residente

La sezione precedente ha evidenziato lo scenario del futuro prossimo delle nostre città. Secondo una ricerca dell'ANCI[29], le quattordici aree metropolitane (Bari, Bologna, Cagliari, Catania, Firenze, Genova, Messina, Milano, Napoli, Palermo, Reggio Calabria, Roma, Torino, Venezia) coinvolgono il 36% della popolazione, il 40% del valore aggiunto, il 35% delle imprese, il 55% delle università e più della metà delle aziende innovative. Si prevede che nel 2050 il 70% della popolazione mondiale sarà residente in area urbana, principalmente in grandi città.

Anche la Commissione europea assegna un peso importante alle città, visto che raccoglie in un sito[30] tutte le azioni e le misure previste per le città europee. Questi dati dicono che è in atto una concentrazione delle persone e delle attività economiche verso i grandi agglomerati urbani, a svantaggio dei comuni piccoli e medio-piccoli. Peraltro, questa tendenza non è una specificità del nostro Paese, visto che riguarda tutti i Paesi, in particolar modo quelli a maggior sviluppo economico. La motivazione principale risiede nel diverso assetto economico della società, che va delineandosi, e che risulta sempre più proteso verso i servizi; questo spinge le persone a stabilire il proprio centro vitale nel luogo, che è in grado di fornire

---

[29] ANCI, Il libro bianco sulle città metropolitane, 2016
www.anci.it/index.cfm?layout=dettaglio&IdDett=54662
[30] www.ec.europa.eu/info/eu-regional-and-urban-development/cities_en

più opportunità di lavoro e di svago, più servizi e di migliore qualità. Analogamente, anche gli investimenti in nuovi insediamenti produttivi vengono veicolati verso luoghi aventi determinate caratteristiche, che agevolano la produttività dell'azienda. Inoltre, questo circuito è vizioso (o virtuoso!) e si auto-alimenta, poiché gli investimenti pubblici e privati, al fine di soddisfare la maggior parte dei cittadini, privilegiano città molto popolose, a scapito di agglomerati urbani meno abitati. E la disponibilità di queste nuove risorse attrae nuovi cittadini, sottraendoli da altri territori, e così via. Questo accentramento di risorse (umane e materiali) in alcune aree ha diverse controindicazioni per i territori che si spopolano, tra cui la perdita di valore dei terreni e di ciò che vi è costruito (abitazioni, capannoni, ecc.), il mancato o ritardato (anche di anni) intervento di ripristino delle situazioni di emergenza a seguito di eventi calamitosi, la perdita di controllo su attività lecite e illecite presenti sui territori, la chiusura di attività economiche a carattere artigianale o commerciale, la perdita di mestieri e di capacità di trasferire conoscenze, eccetera.

Non si discosta da questo approccio neppure la strategia europea *Smart Cities and Communities*, che, in larga parte, finanzia progetti proposti da città medio-grandi. Infatti, i costi necessari per la trasformazione di una città o di una comunità, rispettivamente, in una smart city o in una *smart community* sono rilevanti; di conseguenza, sono soprattutto le città grandi o medio-grandi, che hanno maggiori disponibilità economiche e maggiori risorse umane da destinare alla progettazione di interventi legati alla smart city, a sottoporre numerosi e corposi progetti a valutazione di finanziamento.

Il rischio è che città grandi, ricevendo più finanziamenti, diventino sempre più grandi e piccoli comuni, ricevendo meno finanziamenti, diventino sempre più piccoli o scompaiano. Questo aspetto è di particolare interesse per la Capitanata. Infatti, dai dati del censimento 2011 risulta che la Puglia[31] è composta da 258 comuni, di cui il 32,9% ha una popolazione non superiore a 5.000 abitanti. Di questi, i sei comuni con popolazione inferiore a 1.000 abitanti sono tutti in provincia di Foggia (Celle di San Vito, Isole Tremiti, Volturara Appula, Faeto, Motta Montecorvino e Panni), con tendenza ad aumentare[32], e ben il 52,5% dei comuni con popolazione compresa tra 1.000 e 5.000 abitanti è concentrato nella zona del Subappennino dauno. Di contro, nella città metropolitana di Bari, il 46,3% dei comuni ha una popolazione compresa tra 5.000 e 20.000 abitanti, mentre il 48,8% dei comuni supera i 20.000 abitanti. Nella provincia Barletta-Andria-Trani (BAT) i comuni si equi-distribuiscono al di sopra e al di sotto della soglia dei 20.000 abitanti (50%). Nelle province di Brindisi e BAT non sono presenti comuni con popolazione inferiore ai 5.000 abitanti, mentre sono cinque a Taranto (17,2%) e quaranta a Lecce (41,2%).

---

[31] www.istat.it/it/files/2013/01/Puglia.pdf

[32] All'1/01/2016 i comuni di Alberona e Carlantino sono scesi sotto la soglia di 1.000 abitanti, mentre i comuni di Roseto Valfortore, Monteleone di Puglia e San Marco la Catola hanno meno di 1.080 abitanti.

Tutto ciò premesso, questa parte del libro focalizza l'attenzione sull'evoluzione della popolazione residente nella Capitanata nell'ultimo secolo, per capire se e in quale misura il fenomeno dello spopolamento stia interessando questo territorio o parti di esso.

Prima una domanda.

Perché l'attenzione è stata focalizzata sulla popolazione residente e non sui tanti altri indici statistici, quali reddito pro capite , aziende che aprono, aziende che chiudono, nati, decessi, emigrati, immigrati, e così via?

In economia si dice che "il prezzo sconta tutto", intendendo che il prezzo di un bene, ad esempio di un'automobile, tiene conto di tutti i criteri che l'acquirente tipicamente valuta prima dell'acquisto: quanto consuma, quanto costa la manutenzione, quanto è veloce, quanto è bella, qual è il rischio di furto, di quanto si svaluta nel tempo, e così via.

Analogamente, la decisione di risiedere in una città o di trasferirsi in un'altra avviene a seguito della valutazione di tanti fattori: lavoro, affetti, amicizie, ricordi, clima, interessi socio-economici, opportunità, eccetera. Studiare l'evoluzione della popolazione residente in un territorio permette di capire qual è il livello di maggiore o minore attrattività di quel territorio, ovvero, essenzialmente, qual è la sua capacità di offrire opportunità sia a coloro che sono già residenti, e decidono di continuare a viverci, sia a coloro che non sono ancora residenti, e potrebbero decidere di trasferirsi. In questo senso, la variazione della popolazione residente in un territorio è un indicatore sintetico che consente di monitorare la sua attrattività. Ovviamente, questa considerazione vale per gli obiettivi del libro, mentre altre analisi statistiche di dettaglio sono necessarie per ricercare le cause delle dinamiche sociali che generano trasferimenti da un comune all'altro.

7. Evoluzione della popolazione in Capitanata

Il toponimo, in origine Catapanata, deriva da *catapano*, termine con il quale si indicava il funzionario che amministrava quel territorio durante l'Impero bizantino; nel tempo, a seguito di successive modifiche lessicali, il territorio prese il nome di Capitanata, ovvero Terra del Catapano.

La Capitanata corrisponde all'incirca all'antica Daunia e all'odierna Provincia di Foggia, di cui è denominazione istituzionale alternativa. È la parte settentrionale della regione pugliese e comprende il Tavoliere delle Puglie, il promontorio del Gargano e il Subappennino dauno.

È la terza provincia più vasta d'Italia, dopo quelle di Sassari e Bolzano, e si estende su una superficie di 6.965 km² e comprende sessantuno comuni. I comuni di Margherita di Savoia, San Ferdinando di Puglia e Trinitapoli hanno fatto parte della provincia di Foggia fino al 2004, quando decisero di aderire alla nuova provincia BAT. Tutte le analisi fanno riferimento, pertanto, ai soli attuali sessantuno comuni. Nel capoluogo di Foggia risiede circa un circa un quarto della popolazione provinciale.

La figura 2 rappresenta l'evoluzione demografica[33] in Capitanata (linea nera) tra il 1911 e il 2011, quindi copre l'arco temporale di cento anni. Gli anni di rilevazione sono quelli dei censimenti; nel 1941 non c'è stato per cause belliche. E' rappresentata anche l'evoluzione demografica del solo capoluogo, Foggia (linea azzurra), e quella di tutti gli altri comuni aggregati (linea verde). La somma di queste due linee, anno per anno, coincide con la linea nera. Si osserva che la popolazione della Capitanata (linea nera) è sempre aumentata dal 1921 fino al 2001, quando, per la prima volta in novant'anni, ha iniziato a diminuire.

Osservando la linea azzurra, si nota che anche la popolazione della città di Foggia ha iniziato a diminuire solo negli ultimi 10-15 anni. Diversa e più altalenante è l'evoluzione demografica delle città della provincia negli ultimi cento anni (linea verde), con alti e bassi che si

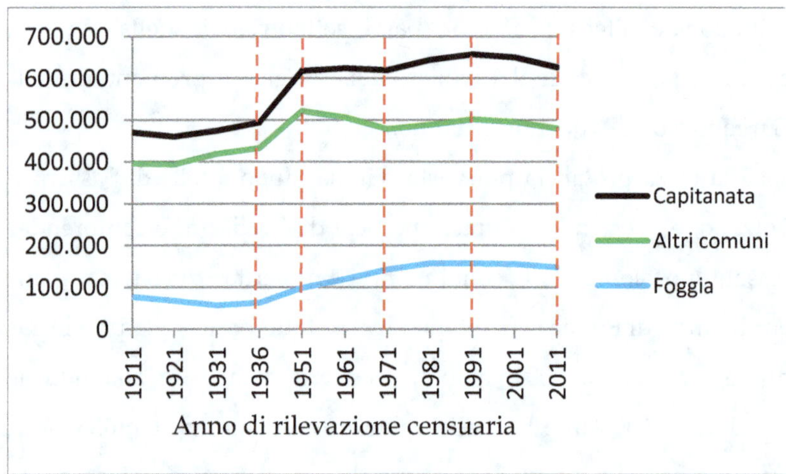

Figura 2. Evoluzione demografica della Capitanata, della città di Foggia e degli altri comuni aggregati. Gli anni sono riferiti ai censimenti. Nel 1941 non c'è stato.

sono alternati. In particolare, meritano particolare attenzione alcuni periodi individuati dalle linee rosse in tratteggio. Nel periodo 1936-1951, si osserva una leggera crescita della popolazione foggiana e un notevole incremento della popolazione della provincia; infatti, la popolazione complessiva della Capitanata (linea nera) mostra un ripido aumento. Sono gli anni a cavallo della seconda guerra mondiale e dell'immediato dopoguerra. Segue una fase di circa venti anni, dal 1951 al 1971, in cui la popolazione foggiana continua a crescere con lo stesso ritmo precedente, mentre quella della provincia ha un'inversione. L'aumento dell'una compensa completamente la diminuzione dell'altra; infatti, in quel periodo la popolazione della Capitanata (linea nera) è pressoché costante. Sono gli anni del cosiddetto miracolo o boom economico italiano, che terminerà nel 1973, anno dell'inizio della crisi petrolifera a causa della guerra del Kippur. Il governo italiano, come contromisura, adottò un programma di austerità finalizzato al risparmio energetico: riduzione dell'illuminazione stradale e commerciale, fine anticipata dei programmi televisivi, divieto della circolazione di auto la domenica, eccetera. Nel ventennio successivo, 1971-1991, si osserva un nuovo aumento della popolazione complessiva dei comuni della provincia, sostenuto da un più moderato aumento di quella del capoluogo; complessivamente, la popolazione della Capitanata inizia nuovamente ad aumentare, pur nella criticità della situazione. Il 1991 è il punto di svolta in cui la popolazione dei comuni della provincia inizia nuovamente a diminuire; questa volta, a differenza di quanto accaduto nel ventennio del boom economico, incomincia a diminuire anche la popolazione della città di Foggia, che mai aveva sperimentato una riduzione della popolazione nei precedenti settant'anni. L'effetto combinato produce ovviamente la diminuzione della popolazione complessiva della Capitanata, per la prima volta dopo circa novant'anni. Tendenza ancora in atto, come vedremo successivamente. Questo fenomeno è una specificità della Capitanata, poiché negli ultimi anni si assiste, tipicamente, a uno spopolamento dei centri minori a favore delle vicine città maggiori.

La situazione non varia (figura 3), se si analizzano le tre macroaree, che costituiscono la Capitanata: il Tavoliere delle Puglie, il promontorio del Gargano e il Subappennino dauno.

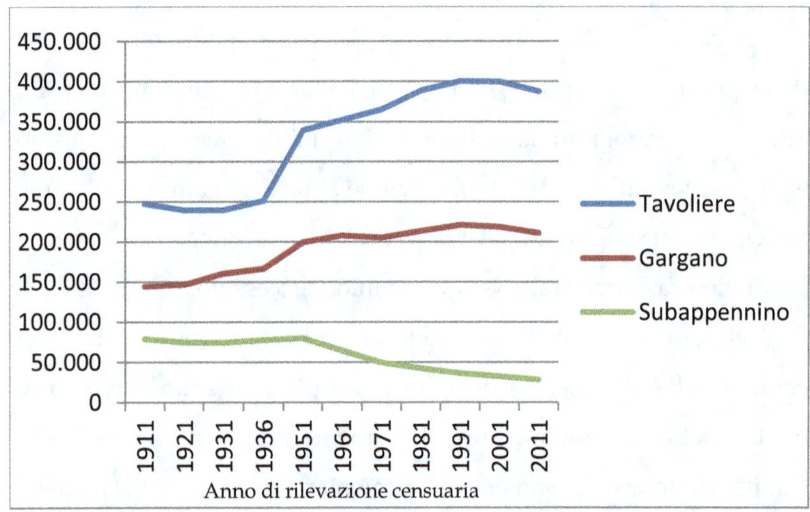

Figura 3. Andamento demografico delle 3 macro-aree di Capitanata: Tavoliere delle Puglie, Promontorio del Gargano, Subappennino Dauno. Gli anni sono riferiti ai censimenti. Nel 1941 non c'è stato.

La popolazione del Tavoliere segue lo stesso andamento della popolazione della Capitanata, visto che nel Tavoliere ha sempre abitato il 50-60% della totale popolazione della Capitanata. La popolazione del Tavoliere è in calo, per la prima volta dopo novant'anni. Anche la popolazione garganica è in diminuzione, dopo sessant'anni di stabilità o leggero aumento. Invece, la popolazione del Subappennino mantiene una tendenza in diminuzione, leggermente attenuata rispetto a quella degli ultimi sessant'anni. Ovviamente, non tutti i comuni della Capitanata hanno avuto la stessa evoluzione demografica. La figura 4 riporta alcuni esempi specifici.

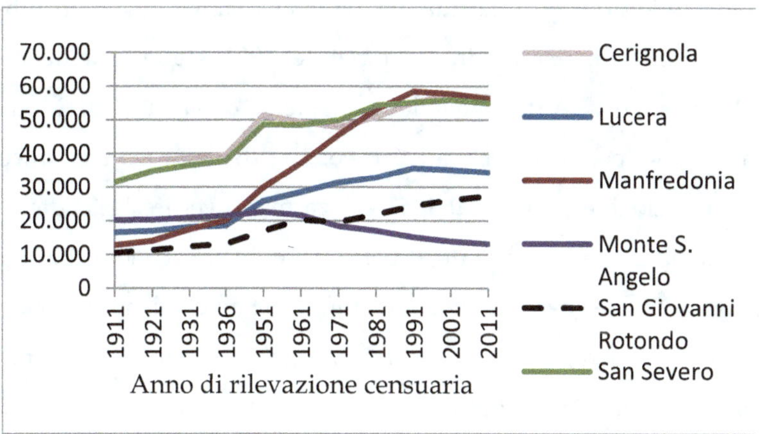

Figura 4. Andamento demografico della popolazione di Cerignola, Lucera, Manfredonia, Monte S. Angelo, San Giovanni Rotondo, San Severo. Gli anni sono riferiti ai censimenti. Nel 1941 non c'è stato.

In particolare, si osserva che l'evoluzione demografica di Cerignola e di San Severo è molto simile, con curve quasi sovrapposte dal 1931 a oggi, a denotare uno sviluppo socio-economico almeno affine. Nel 2011 entrambe le città sono state interessate da una contrazione della popolazione. Diversa è l'evoluzione demografica della città di Manfredonia (linea rossa), che mostra un rapido e costante aumento dal 1936 fino al 1991, cioè per circa sessant'anni. La sua popolazione è oggi confrontabile con quelle di Cerignola e di San Severo, mentre cento anni fa era circa un terzo. Nel 1991 c'è stato il picco di popolazione per Manfredonia, che da allora ha invertito la tendenza. Ancora diversa è l'evoluzione demografica della città di Lucera, che è sempre aumentata dal 1911 fino al 1991. La sua crescita è stata molto simile a quella delle città di Cerignola e di San Severo, mentre la sua diminuzione, a partire dal picco del 1991, segue l'andamento di Manfredonia. Altra evoluzione è quella della città di Monte Sant'Angelo, peraltro simile ad altri comuni della Capitanata, in cui la diminuzione è partita dal 1951, senza mai invertire la tendenza, ma solo attenuandola rispetto al periodo del boom economico. Caso a parte, infine, è l'evoluzione demografica di San Giovanni Rotondo, in tratteggio nero, che dal 1911 fino a oggi è sempre in aumento, tranne una leggerissima attenuazione negli anni '60. Inoltre, è uno dei pochi comuni della Capitanata con popolazione in aumento nell'ultimo decennio, sebbene anche la popolazione di S. Giovanni Rotondo risulti, nella rilevazione dell'01/01/2016 (27.184 ab.), in leggera contrazione rispetto a quella censita nel 2011.

Per avere un quadro completo dell'evoluzione demografica di ciascun comune della Capitanata, si può osservare la tabella 2, in cui si notano celle colorate diversamente. Per ogni comune, il colore rosso indica la popolazione minima e il verde denota la popolazione massima. Ventitré comuni su sessantuno (quindi il 38%) hanno avuto la loro popolazione massima nel 1951, agli inizi del boom economico; gli altri comuni hanno registrato la popolazione massima in periodi diversi, con una leggera prevalenza nel 1911 e nel 1991. Viceversa, la popolazione minima è stata registrata quasi esclusivamente all'inizio e alla fine del periodo; in particolare, ben **trentatré comuni su sessantuno** (pari al 54%) hanno registrato la popolazione minima nel 2011!

Inoltre, l'ultima colonna a destra riporta, per ciascun comune, la variazione di popolazione tra gli ultimi due censimenti. E' facile osservare che:

- in otto comuni su sessantuno (circa il 13%) aumenta la popolazione di almeno 1%;

- in soli cinque comuni su sessantuno (in azzurro) aumenta la popolazione di almeno 5% (peraltro sono tutti comuni con meno di 7.000 abitanti);

- in quarantanove comuni su sessantuno (oltre l'80%) diminuisce la popolazione di almeno 1%;

- in ben trentuno comuni su sessantuno (in giallo, oltre il 50%) diminuisce la popolazione di almeno 5%.

In Appendice è riportato il grafico dell'evoluzione demografica di ciascun comune della Capitanata negli ultimi cento anni, utilizzando la stessa logica dei colori adottata per la tabella 2: in giallo i grafici dei comuni, la cui popolazione tra gli ultimi due censimenti è diminuita di più del cinque percento, in blu quelli dei comuni la cui popolazione è aumentata di più del cinque percento, in grigio tutti gli altri.

Tabella 2. Evoluzione demografica di tutti i Comuni della Capitanata. VERDE=popolazione massima nel periodo; ROSSO=popolazione minima nel periodo; GIALLO=variazione negativa inferiore al 5%; AZZURRO=variazione positiva superiore al 5%.

CITTA'	Popolazione											Ultimi 10 anni
	1911	1921	1931	1936	1951	1961	1971	1981	1991	2001	2011	
Accadia	5527	5154	5289	5166	5247	4854	3990	3562	3107	2702	2418	−10,5
Alberona	3312	3004	3358	3473	3001	2553	1813	1297	1269	1134	1002	−11,6
Anzano di Puglia	2897	2975	3110	3308	3550	3163	2631	2366	2365	2239	1617	−27,8
Apricena	8118	8530	9364	9019	11422	13005	13204	12346	13664	13647	13435	−1,6
Ascoli Satriano	9701	9541	9961	8421	11761	11966	8401	7240	6842	6373	6194	−2,8
Biccari	4676	4111	4622	4493	5466	4634	3788	3485	3462	3070	2872	−6,4
Bovino	8909	6999	8001	8248	9452	7710	6061	5159	4546	3991	3562	−10,7
Cagnano Varano	4613	4706	5160	5778	7507	8140	8750	9011	9158	8617	7451	−13,5
Candela	7617	8259	6634	6766	7565	6091	4087	3096	2809	2823	2693	−4,6
Carapelle	1404	1266	1510	1710	2247	2539	2934	3659	5261	5905	6524	10,5
Carlantino	1705	1574	1644	1737	2061	2094	1789	1539	1449	1294	1040	−19,6
Carpino	6752	6049	6312	6564	7044	6757	5794	5340	4845	4704	4305	−8,5
Casalnuovo Monter	4785	5120	5157	5484	6277	4662	3306	2847	2370	1954	1663	−14,9

Casalvecchio di Puglia	2379	2312	2512	2632	3181	2862	2472	2602	2410	2167	1939	−10,5
Castell. dei Sauri	1261	1319	1452	1514	2352	2431	2066	1828	1900	1951	2119	8,6
Castelluccio Valmagg.	2811	2740	3082	3220	3264	2455	1839	1664	1552	1469	1331	−9,4
Castelnuovo della D.	3590	2953	3067	3321	3614	2948	2423	2274	1991	1763	1557	−11,7
Celenza Valfortore	3378	2969	2889	3018	3300	3234	2825	2537	2299	1990	1724	−13,4
Celle di San Vito	941	753	757	799	795	641	429	319	297	186	172	−7,5
Cerignola	38093	38096	38573	39540	51320	49287	47797	50819	55052	57366	56653	−1,2
Chieuti	1790	1596	1854	2103	2562	2560	2083	1804	1886	1788	1772	−0,9
Deliceto	6025	6118	6116	6248	6730	6109	5078	4595	4304	4117	3919	−4,8
Faeto	4569	2867	2786	3002	2991	2156	1285	1007	1010	758	644	−15,0
Foggia	75648	66772	55763	62340	97504	118608	141711	156467	156268	155203	147036	−5,3
Ischitella	5237	5001	5019	5273	5840	5391	4759	4542	4249	4562	4316	−5,4
Isole Tremiti	526	428	385	407	401	349	346	334	364	367	455	24,0
Lesina	2660	2861	3658	3914	5142	5766	5948	6376	6415	6286	6319	0,5
Lucera	16544	16970	18048	18447	25829	28409	31314	32795	35615	35162	34333	−2,4
Manfredonia	12704	13964	17443	20003	29925	37157	45520	53030	58318	57704	56257	−2,5

Mattinata	3076	3419	3826	4096	4973	5295	5510	5791	6245	6333	6360	0,4
Monte Sant'Angelo	20141	20251	20805	21413	22578	21601	18388	17011	15082	13917	13098	−5,9
Monteleone di Puglia	4578	4541	4721	4836	4979	3711	2308	1785	1608	1413	1067	−24,5
Motta Montecorvino	2116	2020	2298	2557	2430	2085	1620	1283	1159	951	768	−19,2
Ordona	997	985	1147	1081	1677	1868	1907	2153	2445	2584	2654	2,7
Orsara di Puglia	6413	7182	6421	6910	7495	5804	4211	4003	3530	3313	2914	−12,0
Orta Nova	8546	9263	10208	10242	13392	12256	12725	14409	16942	17665	16999	−3,8
Panni	5051	4209	4271	4347	4386	2967	1755	1373	1083	976	858	−12,1
Peschici	3264	3216	3612	3625	4476	4125	3840	4056	4335	4339	4197	−3,3
Pietramontecorvino	4139	4146	4412	4789	4734	4282	3283	3133	3111	2972	2745	−7,6
Poggio Imperiale	2731	2851	3102	3276	3727	4007	3644	3273	3232	2891	2819	−2,5
Rignano Garganico	2325	2107	2441	2632	3053	3328	3017	2546	2413	2309	2200	−4,7
Rocchetta Sant'Ant.	4366	4341	5107	5235	5425	4117	3246	2617	2293	2034	1954	−3,9
Rodi Garganico	4911	4620	5006	5269	5504	4776	3851	3987	3981	3778	3663	−3,0
Roseto Valfortore	5072	5103	4906	5066	4958	3363	3071	3055	1513	1316	1149	−12,7
San Giovanni Rot.	10474	11254	12325	13093	16978	20226	19635	21891	24378	26106	27329	4,7
San Marco in Lamis	18236	18799	19342	19608	21792	19014	16258	15445	15221	15739	14218	−9,7

San Marco la Catola	4995	3615	3547	3556	3781	3024	2639	2194	1794	1515	1082	−28,6
San Nicandro Garg.	11916	12699	13777	14366	16773	17270	17939	18759	19525	18074	15927	−11,9
San Paolo di Civitate	4510	4616	5280	5749	6968	6662	5873	6099	6204	6119	5935	−3,0
San Severo	31430	34776	36485	37702	48572	48443	49741	54205	55085	55864	54906	−1,7
Sant'Agata di Puglia	6696	6343	6579	7006	7313	6049	4845	3775	3049	2321	2096	−9,7
Serracapriola	7023	6490	7151	7703	8462	8097	6268	5700	5237	4356	4069	−6,6
Stornara	2163	2117	2461	2534	3579	3548	3686	4010	4771	4739	5306	12,0
Stornarella	1996	2193	2357	2393	3550	3837	3903	4438	5096	5032	5022	−0,2
Torremaggiore	12518	12589	14506	15198	18270	17318	16316	17074	17405	17021	17365	2,0
Troia	6865	6349	6528	7334	10951	9765	8482	7864	7898	7495	7330	−2,2
Vico del Gargano	9217	9198	10065	8809	9426	9243	8589	8657	8323	8107	7861	−3,0
Vieste	9484	8858	10062	10309	12743	12679	11820	12798	13307	13439	13271	−1,3
Volturara Appula	2469	2382	2118	2229	2016	1671	1312	1098	744	595	481	−19,2
Volturino	3503	3300	3777	4030	3813	3364	2875	2798	2224	1992	1781	−10,6
Zapponeta	626	739	1125	957	1466	1566	2001	2307	2690	3013	3326	10,4
CAPITANATA	470019	459578	473294	493898	617590	623892	619001	643527	657000	649610	626072	−3,6

Complessivamente, nell'ultimo decennio la popolazione della Capitanata è diminuita del 3,6%, corrispondente a 23.538 individui, ovvero poco meno dell'equivalente popolazione di San Giovanni Rotondo.

Nella classifica nazionale delle province, relativa alla variazione di popolazione dell'ultimo censimento, la Capitanata è quint'ultima (–3,6%), seguita da Medio Campidano (–3,9%), Potenza (–4,0%), Trieste (–4,0%) e Vibo Valentia (–4,3%). La diminuzione di popolazione della Capitanata nell'ultimo censimento è critica anche se confrontata con i dati della Puglia (+0,8%), del Mezzogiorno d'Italia (+0,5%) e dell'Italia intera (+4,3%), che sono tutti in aumento, come risulta da figura 5.

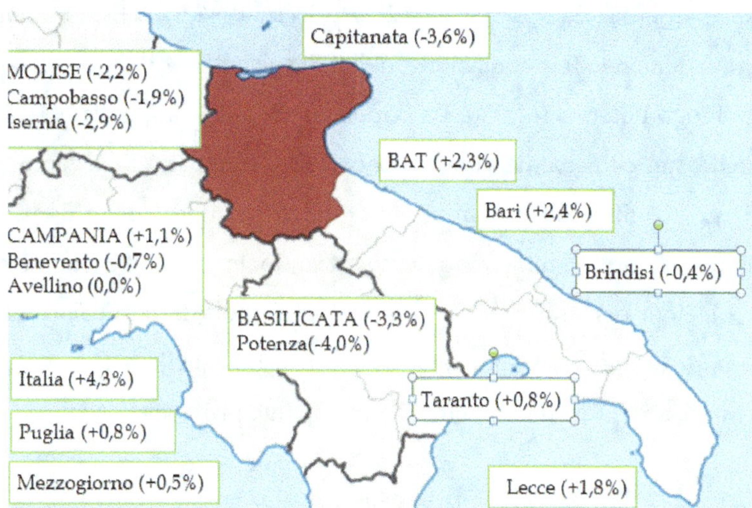

Figura 5. Variazioni di popolazioni tra gli ultimi 2 censimenti nelle regioni e nelle medie città confinanti con la Capitanata.

Anche il confronto con le altre province pugliesi conferma la criticità della Capitanata. Infatti, le province di Bari (+2,4%), BAT (+2,3%), Lecce (+1,8%) e Taranto (+0,8%) hanno aumentano la loro popolazione, mentre la provincia di Brindisi (–0,4%) mostra una leggera flessione. Infine, poiché la Capitanata confina con le regioni Molise, Campania e Basilicata, è interessante confrontare il dato della Capitanata con quello delle regioni e delle città medie più vicine. Risulta che la diminuzione di popolazione della Capitanata (–3,6%) è superiore a quella del vicino Molise (–2,2%) e delle sue due principali città, Campobasso (–1,9%) e Isernia (–2,9%). È più simile alla variazione di popolazione della Basilicata (–3,3%) e del suo capoluogo Potenza (–4,0%). La popolazione della Campania (+1,1%) e delle sue città medie confinanti con la Capitanata, Benevento (–0,7%) e Avellino (0,0%), hanno una tendenza differente. La figura 6 riassume i precedenti valori, evidenziando in blu gli aumenti di popolazione e in arancione le diminuzioni. Si nota, in particolare, che la tendenza della Capitanata è diversa da quella dei territori viciniori, specialmente rispetto alla confinante provincia BAT.

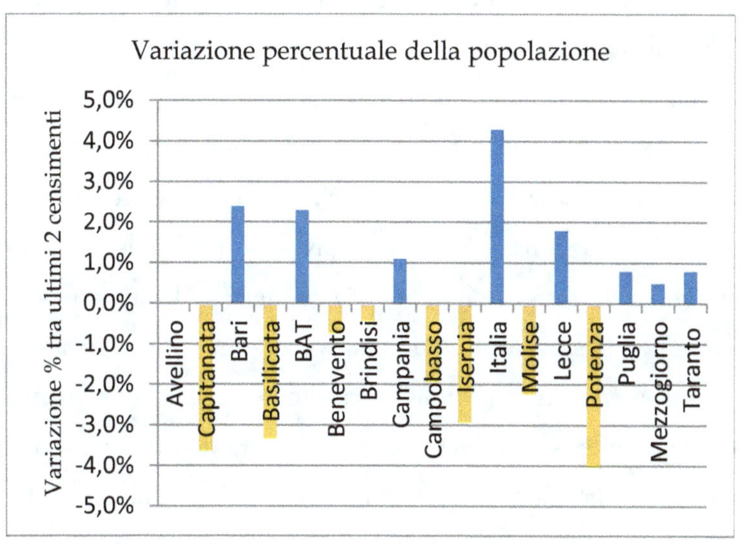

Figura 6. Variazione percentuale della popolazione tra gli ultimi 2 censimenti.

8. Periferie, territoriali e non

La precedente analisi dimostra che il territorio della Capitanata è interessato da un non trascurabile fenomeno di contrazione della popolazione, sia per il capoluogo sia per il resto della provincia. Il censimento del 1991 rappresenta una svolta epocale per il territorio della Capitanata, che sperimenta la prima riduzione della popolazione, dopo settant'anni di continuo aumento. Questo implica che le cause sono profonde, di ampio spettro e complesse. Di conseguenza, le possibili soluzioni devono avere caratteristiche analoghe: profonde, di largo spettro e complesse.

Non è pensabile invertire questa tendenza con interventi mirati a singole criticità o singoli settori o singoli pezzi di territorio, a carattere emergenziale, senza un orizzonte almeno di medio periodo. Invece, azioni efficaci di contrasto alla riduzione della popolazione devono essere sinergiche e non di singola città. Ad esempio, il Comune di Candela ha recentemente proposto un bonus per coloro che decidono di trasferire lì la propria residenza e l'anno scorso c'è stato un saldo positivo di trentotto nuovi cittadini. Questa misura ha risolto un'emergenza, ma non ha risolto il problema in maniera strutturale, né è sostenibile nel medio periodo. Inoltre, non è immaginabile che ciascun comune a rischio di spopolamento adotti una misura analoga, che genererebbe semplicemente una migrazione interna tra alcuni comuni della Capitanata, senza risolvere il grosso problema della migrazione al di fuori della provincia. Invece, le motivazioni di un eventuale cambio di residenza dovrebbero essere legate a fattori aventi una valenza decisamente superiore a quella di un semplice bonus economico, come già accennato nella sezione *smart people* o nel capitolo 6, che sarà ripreso nella prossima sezione, parlando dell'*inter-dipendenza*.

È tuttavia vero, e i dati lo dimostrano, che i primi comuni a essere interessati da fenomeni di forte riduzione della popolazione sono i più piccoli, successivamente i comuni medi, poi quelli medio-grandi. Si è evidenziato, infatti, che i sei comuni dauni con meno di 1.000 abitanti al 2011 sono già diventati otto nel 2016 e altri tre sono poco al di sopra della soglia, col rischio reale di venire assorbiti in pochi anni, se non si attivano interventi specifici. A tal fine, giova ricordare che la riduzione di popolazione di un comune rappresenta un impoverimento per l'intero territorio (la Capitanata in questo caso), a cui quel comune appartiene, e non solo per il comune in sé. Quindi, è interesse dell'intera Capitanata preservare ciascun comune dal rischio di contrazione della popolazione. Peraltro, questo approccio del co-interessamento tra comuni viciniori non può e non deve riguardare solo l'aspetto della flessione della popolazione.

Introduciamo un concetto più generale.

Ogni periferia protegge un centro e solitamente un centro è accerchiato da diversi livelli di periferia, come riportato in figura 7. Fino a quando esiste la periferia 3, sono automaticamente protette le periferie 2 e 1, e il centro ha un livello 3 di protezione. Se si perde la periferia 3, la periferia 2 risulta la più esposta e il centro ha un livello 2 di protezione. Quando si perde anche la periferia 2, la periferia di primo livello è la più esposta e il centro ha 1 solo livello di protezione. Quanto descritto non riguarda solo il centro e la periferia di una città, intesi come quartieri, ma riguarda anche i centri e le periferie dal punto di vista amministrativo e istituzionale.

L'amministrazione locale più periferica rispetto all'amministrazione centrale è quella più esposta, è quella che rischia di più e prima, ma il suo ridimensionamento o contrazione è una riduzione di protezione per tutti i livelli intermedi. Ne è un esempio la riorganizzazione dei tribunali o della rete sanitario-ospedaliera, che, per necessità di bilancio, ha chiuso o ridimensionato le strutture dei centri minori, perché ritenute "periferiche"; successivamente, ha ridimensionato altre strutture, divenute a loro volta periferiche, dopo la chiusura delle prime. E così via.

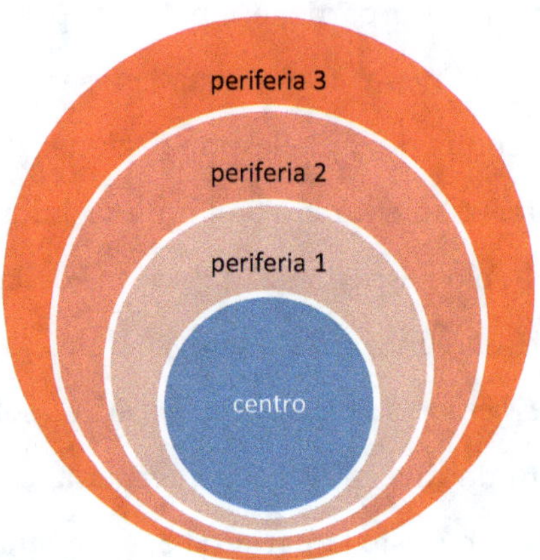

Figura 7. Un centro ha più periferie, la più esterna protegge il centro e tutte le periferie intermedie.

Negli ultimi anni questo approccio, nella Capitanata, ha consentito di ridefinire o riprogrammare molti servizi a carattere pubblico (trasporti, ospedali, tribunali, ecc.), marginalizzando alcuni territori tramite ridimensionamenti successivi. La cancellazione/riduzione di servizi nella periferia più esterna ha provocato, di volta in volta, un impoverimento di quei territori, agevolando, in cascata, la migrazione dagli stessi verso il centro. Come si vedrà nell'ultimo del libro, è improbabile che un comune possa far fronte singolarmente a pressioni esogene di questa portata.

Altro elemento specifico sul tema della smart city è il seguente. All'inizio del capitolo 6 si è evidenziato che le quattordici città metropolitane (quindi meno di una per regione!) costituiscono una forte attrazione di risorse umane e materiali e sono state più volte indicate come i principali bacini di attrazione per progetti di smart city e relativi finanziamenti. Giova ricordare, tuttavia, che le quattordici città metropolitane hanno sostituito le relative provincie, ma questo non implica che le azioni di smart city che esse mettono in campo debbano restare confinate nel vecchio territorio provinciale; al contrario, è necessario, ad esempio, che azioni, progetti ed effetti di *Bari smart city* interessino almeno l'intera regione Puglia, per evitare che si creino centri e periferie anche in ambito smart city. Tuttavia, se da un lato è giusto che il capoluogo di regione diventi modello di innovazione per tutti i territori provinciali, anche di quelli periferici, dall'altro è fondamentale che i territori periferici dimostrino di poter dare un contributo attivo alla visione d'insieme, mettendo in campo idee, risorse, uomini e imprese. Negli ultimi anni si sono spesso levate richieste di potenziamento o di riattivazione e di *infrastrutture pesanti*, come l'aeroporto Gino Lisa, il baffo ferroviario, il collegamento ferroviario diretto da Foggia verso la Capitale, e così via. Infrastrutture necessarie e indispensabili per una comunità ma, per non perdere il treno del futuro, è ora necessario che vengano create o potenziate anche *infrastrutture leggere* e meno impattanti, basate su reti di dati e tecnologie interconnesse, che possano dare un'ulteriore spinta allo sviluppo di territori, centrali e periferici. Senza entrare nel dettaglio delle azioni intraprese da alcune amministrazioni comunali della Capitanata, risulta che tali operazioni non sono sufficienti per definire *smart* queste città, anche perché il più delle volte esse hanno avuto o hanno una portata limitata e non sono connesse e/o condivise coi comuni viciniori; si pensi, solo a titolo di esempio, all'impatto positivo che un sistema di videosorveglianza intercomunale (classificabile come *smart living*) avrebbe potuto o potrebbe avere sulla Capitanata per unificare la sicurezza di più territori, consentendo di attuare, contemporaneamente, sia l'azione preventiva che quella repressiva.

In conclusione, come è necessario evitare la divisione digitale tra gli individui, è addirittura imperativo far in modo che il problema della divisione digitale non si verifichi tra centro e periferie del territorio regionale. Tale minaccia può essere scongiurata, adoperandosi affinché tutti possano sfruttare pienamente il potenziale della strategia europea della smart city.

Parte terza – SMART COMMUNITY

9. Dipendenza, indipendenza, interdipendenza, giving back

Il normale processo di crescita di un individuo prevede il passaggio da una situazione di dipendenza a quella dell'indipendenza. *Dipendente* è quell'individuo che ha bisogno di una o più persone per vivere pienamente la propria vita, come un bambino, che in tenera età è dipendente quasi in tutto dai propri genitori. Man mano che cresce, conquista spazi di indipendenza, pur restando ancora dipendente, magari per gli aspetti economici o per le decisioni più importanti della propria vita. Quando raggiungerà un elevato o massimo livello di *indipendenza*, sarà in grado di badare a sé stesso per tutti gli aspetti della vita quotidiana. Contemporaneamente o successivamente alla fase dell'indipendenza, quell'individuo decide o meno se la propria realizzazione sociale, e quindi il proprio spirito di appartenenza, necessita di un'ulteriore evoluzione: l'interdipendenza. L'*interdipendenza*, solitamente intesa sotto un profilo affettivo, implica la condivisione di sentimenti, momenti, paure, gioie e così via, con le persone con cui si fa un pezzo di vita insieme: partner, figli, colleghi, vicini di casa, amici del calcetto o della parrocchia o di penna, eccetera. In questo libro, invece, per interdipendenza si intende quella con un'implicazione sociale, ovvero la scelta di condividere un pezzo di vita con la comunità di appartenenza, con un duplice obiettivo. Da un lato, quello di riversare le proprie esperienze e competenze nella comunità di appartenenza, arricchendola. Dall'altro, quello di ricevere i contributi altrui di esperienze e competenze, arricchendosi.

È quasi pleonastico osservare che i vantaggi dell'interdipendenza sono notevoli, sia per ogni singolo individuo sia per la collettività nel suo insieme: mille persone, singolarmente, non possono costruire un grattacielo, che le stesse mille persone, insieme, riescono a costruire. Tuttavia, l'interdipendenza è una scelta, che mai può diventare un obbligo, neppure di fronte all'evidenza di risultati più efficaci. Nondimeno, non solo è possibile promuovere l'interdipendenza, ma anzi è auspicabile che venga fortemente sostenuta.

Ad esempio, nel mondo anglosassone è molto forte la cultura del *giving back,* cioè la restituzione intesa come la presa d'atto che ciò che una persona possiede o è diventata è dovuto anche al territorio e alla comunità di appartenenza, che ha fatto da terreno fertile per la sua crescita. Quindi, è ritenuto giusto che a un certo momento il singolo individuo restituisca qualcosa a quella stessa comunità, in modo che possa essere reinvestito sulle nuove generazioni. Inoltre, anche se in alcuni casi il *giving back* è rappresentato da donazioni ad associazioni con finalità di sostegno alle fasce deboli della comunità, nella maggior parte delle volte il *giving back* è inteso come restituzione di esperienze, tempo e competenze. Ovvero, si chiede di mettere a disposizione della collettività le proprie conoscenze, per permettere agli altri di non partire da zero, bensì da un livello avanzato.

Iterando questo processo, si riescono a moltiplicare gli effetti benefici sulla collettività.

Altri due effetti del *giving back* sono la *solidarietà* e l'*attrattività*. In una comunità con vocazione all'interdipendenza e predisposizione al *giving back*, ognuno sa di poter contare sul supporto dei membri della comunità ed è naturalmente portato a essere altrettanto disponibile. Consegue che la solidarietà è intrinseca a una comunità interdipendente e votata al *giving back*. Poi, una comunità con queste caratteristiche è anche attrattiva, perché instilla, nei membri esterni a essa il desiderio di farvi parte o di emularla. La difficoltà nasce quando l'interdipendenza deve rapportarsi col compromesso, come vedremo nel prossimo paragrafo.

10. Compromesso o soluzione efficace?

È evidente che l'interdipendenza tra due o più persone può produrre risultati maggiori di quelli ottenibili dalle stesse persone che pensano e agiscono singolarmente. Tuttavia, soprattutto quando l'interdipendenza non ha carattere affettivo, ma sociale o socio-economico, gli ostacoli sono più numerosi e più ostici. Tipicamente, in presenza di divergenze, ognuna delle parti tiene fermo il proprio punto con una certa determinazione in prima battuta, poi si cerca la soluzione attraverso la via del compromesso, provando a soddisfare le necessità di tutte le parti e limando i punti di maggiore contrasto. Questo processo si conclude molto spesso con una soluzione al ribasso, nel senso che sono eliminati gli aspetti di punta, che di solito sono anche i più qualificanti, perché ritenuti inaccettabili dalle controparti. La soluzione finale, benché accettata e condivisa da tutte le parti, spesso non è quella massimamente efficace per l'interesse collettivo.

Ecco un aneddoto esemplificativo.

Sulle sponde opposte di un fiume vivevano due tribù distinte. Da una parte del fiume c'era abbondanza di cacciagione, dall'altra abbondanza di frutta. Un giorno, il capo di una tribù incontrò il capo dell'altra e chiese:

"Possiamo venire qualche volta nel vostro territorio a prendere un po' di cacciagione?".

E l'altro: "Certamente, a patto che ogni tanto anche noi possiamo venire nel vostro territorio a prendere un po' di frutta".

"Perfetto", ribatté il primo. "L'ideale sarebbe costruire un ponte, in modo da attraversare agevolmente il fiume. Potremmo farlo di ferro, ne abbiamo fatti altri".

E il secondo: "Sono d'accordo sul costruire il ponte, ma vorrei farlo di legno. Abbiamo già costruito altri ponti di legno".

Ribadì il primo: "Noi ci fidiamo solo del ferro".

Ribadì il secondo: "Noi ci fidiamo solo del legno".

A questo punto i due capitribù, vista l'importanza dell'attraversamento del fiume, decisero di cercare un *compromesso* tra le due posizioni. Il primo propose: "Ho un'idea. Noi costruiamo la metà del ponte che poggia sulla nostra riva e lo facciamo in ferro.

Voi costruite l'altra metà, che poggia sulla vostra riva, e lo fate in legno". "Mi pare un buon *compromesso*", concordò il secondo.

Si misero all'opera e, dopo alcuni mesi, il ponte in ferro-legno era pronto e le due tribù passavano da una parte all'altra del fiume, entrambe cibandosi di frutta e cacciagione. Purtroppo, il ferro e il legno reagiscono diversamente alle condizioni climatiche estreme: sole, neve e umidità rovinarono presto la giunzione ferro-legno e il ponte crollò. Quel compromesso, in quanto soluzione al ribasso, non fu la decisione migliore per le due tribù. La soluzione che avrebbe potuto mettere d'accordo entrambe, senza avere effetti disastrosi sulla stabilità del ponte, poteva essere quella di costruire una struttura in pietra: questa sarebbe stata omogenea, solida, di lunga durata e non avrebbe creato contrasto tra i capitribù. Il ponte in pietra rappresentava la soluzione massimamente performante per l'interesse della collettività.

Quasi mai la soluzione efficace di un contrasto è il compromesso, mentre molto spesso efficace è una proposta completamente nuova rispetto a tutte quelle di partenza. Quindi, più che al compromesso, è necessario puntare a una ***soluzione efficace***. Non è tuttavia semplice accettare soluzioni alternative alla propria, se non si riconosce prima l'evidenza che l'intelligenza personale è sopravanzata dall'intelligenza collettiva, di cui si parla nel prossimo paragrafo.

11. Intelligenza collettiva e sociale, fattore C

Si sente sempre più spesso parlare di "governo partecipato" delle città, inteso come la possibilità che i cittadini partecipino attivamente e proattivamente alle scelte politiche e strategiche della propria comunità. Questa partecipazione è organizzata nelle forme o modi più disparati. Un tempo si discuteva in convegni o seminari o incontri, oggi si parla anche di altre modalità, che tuttavia non ne modificano lo spirito. E pertanto ci si imbatte in forum – dal vivo o su internet –, sagre delle idee, giornate di lavoro, eventi di co-working e così via. Il fine di questi incontri di partecipazione attiva, qualunque sia il nome che si usa per definirlo, è la condivisione di idee/esperienze, realizzando così una sorta di *conoscenza collettiva*. Alla fase dell'analisi segue la sintesi, ovvero il percorso che consente di definire le azioni migliori da porre in essere sulla base di tutte le idee o ipotesi discusse. Questa fase di sintesi è la *socializzazione* dell'evento. Pertanto, l'intero percorso della partecipazione attiva, che va dall'analisi di tutte le proposte (conoscenza collettiva) alla sintesi verso la soluzione condivisa (conoscenza sociale), si riassume in una *conoscenza collettiva e sociale*. Esistono diversi esempi di conoscenza collettiva dei territori. Modena è nota come "terra dei motori", perché ha visto crescere marchi quali Ferrari, Maserati, De Tomaso, Bugatti. Questa concentrazione di importanti case automobilistiche in un territorio circoscritto non è un caso fortuito, bensì il frutto di una *conoscenza collettiva* in ambito motoristico, che è stata nel tempo condivisa su e con il territorio tramite organizzazione di gare, mostre, incontri, momenti conviviali e altro, fino a coinvolgere una larga parte dei cittadini, sia in ruoli attivi sia in ruoli di appassionati/simpatizzanti, ovvero generando una *socializzazione* di quella specifica conoscenza. A questa conoscenza collettiva e sociale in ambito motoristico si è poi affiancato lo spirito imprenditoriale, che ha consentito la nascita di quelle aziende. È ovvio anche che la presenza di determinate realtà imprenditoriali su quel dato territorio accresce ulteriormente una specifica conoscenza collettiva, generando un circuito virtuoso per il territorio stesso. In questo caso, peraltro, si parla di un'attività esclusivamente umana, slegata dal contesto naturalistico del territorio.

In molti altri casi si sviluppa una conoscenza collettiva e sociale sulla base delle caratteristiche morfologiche di un territorio (montagna, mare, laghi, ecc.), dando vita a contesti imprenditoriali legati alla vocazione naturalistica del territorio. Esempi ne sono le aree che consentono la nascita di un turismo imprenditoriale, quali Gargano, Salento, Sardegna, Cilento. In tutti i casi citati – e negli innumerevoli altri che se ne potrebbero fare – la conoscenza sociale si è formata come percorso naturale, iniziato con una *condivisione neutrale* della conoscenza collettiva. Tuttavia, qualche domanda è lecita.

La partecipazione attiva è sempre neutra? Consente sempre a una comunità di autodeterminarsi e di definire il percorso del proprio futuro?

Ad esempio, da più fonti – e anche in questo libro lo abbiamo riportato – si dice che nei prossimi anni le persone si sposteranno dalle campagne e dai centri più piccoli verso le città medie o medio-grandi, invitando le persone a partecipare a tali scelte. Probabilmente l'esodo verso le grandi città, lento ma costante e apparentemente inarrestabile, non è naturale, ma indotto. Se gli investimenti in infrastrutture leggere e pesanti sono concentrati sulle grandi città e, contemporaneamente, si riducono i servizi per i comuni minori, la migrazione verso i grandi centri è fortemente incentivata, e a volte diventa quasi una scelta obbligata, non necessariamente quella desiderata. In questi casi, la partecipazione attiva non è finalizzata a valutare le opzioni, a condividere una scelta e ad autodeterminare il proprio futuro, ma solo a recepire qual è la decisione, già presa in altri contesti, eliminando di fatto sia l'autodeterminazione del territorio sia la possibilità che si formi una conoscenza e una coscienza sociale. Queste situazioni, gestite attraverso il percorso della conoscenza collettiva e sociale, consentono di comprendere il percorso avviato da altri – indipendentemente dal condividerlo o meno –, ma non di deciderlo. L'autodeterminazione di un territorio, nei casi di decisioni indotte dall'esterno, richiede un approccio di livello superiore alla conoscenza: *l'intelligenza collettiva e sociale*.

Il concetto di intelligenza collettiva risale al famoso teorema della giuria, 1785, del marchese Nicolas de Condorcet nel suo *Trattato sull'Applicazione dell'Analisi alla Probabilità delle Decisioni a*

Maggioranza[34], applicato ai governi democratici. In base a quel teorema, se in un gruppo aumentano le *persone aventi buona possibilità di prendere la decisione giusta,* cresce anche la probabilità di arrivare alla soluzione migliore. Diventa, quindi, importante capire chi sono o come scegliere "le persone aventi buone possibilità di prendere la decisione giusta".

Nel 2010, il Center for Collective Intelligence del Massachusetts Institute of Technology (MIT) di Boston pubblica i risultati di una ricerca sul *fattore C (collective),* ovvero il numero minimo di persone necessario affinché un gruppo sviluppi intelligenza collettiva. Un primo risultato sorprendente è che il *fattore C* è indipendente sia dall'intelligenza del singolo individuo sia dalla motivazione di ciascuno di loro a svolgere il lavoro assegnato. Ciò significa che la selezione delle persone esclusivamente in funzione della loro intelligenza individuale non dà alcuna garanzia che quel gruppo sviluppi un'intelligenza collettiva. Piuttosto, l'intelligenza collettiva è legata a due caratteristiche: a) la distribuzione equa della responsabilità, quando si tratta di prendere una decisione: i gruppi nei quali uno o due persone dominano la conversazione sviluppano mediamente minore intelligenza collettiva di quelli in cui la partecipazione di tutti è più equilibrata. In sintesi, un leader non sviluppa intelligenza collettiva, bensì impone la propria intelligenza individuale, limitando quella degli altri. b) Grado di sensibilità

---

[34] Jean-Antoine-Nicolas de Caritat Condorcet, "Trattato sull'Applicazione dell'Analisi alla Probabilità delle Decisioni a Maggioranza", 1785.

sociale dei membri del gruppo, ovvero la capacità di dedurre stati emotivi complessi. Poiché le donne sono mediamente più empatiche e percettive degli uomini, nella ricerca risulta che i gruppi con un maggior numero di donne sviluppano una maggiore intelligenza collettiva di quelli con una bassa componente femminile.

Ora, c'è una motivazione importante che deve spingere un territorio a sviluppare intelligenza collettiva quando è sotto la pressione di decisioni altrui ed è il *principio olistico* secondo cui "il tutto è più della somma delle sue parti". Quindi, l'intelligenza collettiva di una comunità è maggiore della somma delle intelligenze individuali degli appartenenti a quella comunità. Esistono tanti sistemi sociali e biologici fondati su questo principio, come ad esempio quelli delle api e delle formiche, che condividono intelligenza collettiva per il loro bene comune. Analogamente, un singolo neurone non è intelligente di per sé, ma connesso con gli altri circa ottanta miliardi di neuroni forma il cervello di ognuno di noi. Questa intelligenza collettiva, se sviluppata, consente a una comunità di prendere coscienza piena delle pressioni esterne (fenomeni di illegalità diffusa, spopolamento indotto, ecc.), degli effetti prodotti sul suo territorio (disagio sociale, impoverimento, insicurezza, ecc.), delle possibili opportunità (nuovi ambiti di sviluppo economico, attrattività, ecc.) e delle eventuali azioni da intraprendere. Il passo successivo è la socializzazione dell'intelligenza collettiva, al fine di selezionare la soluzione efficace tra le diverse opzioni disponibili.

Molto spesso accade che i cittadini siano più avanti delle istituzioni che li rappresentano. Avvertono chiaramente di essere in ritardo rispetto ad altre aree del Paese e/o rispetto a temi specifici, grazie anche alla velocità con cui si diffondono le informazioni tramite i nuovi strumenti informatici. Quando ciò avviene, è indispensabile che si attivino percorsi di intelligenza collettiva e sociale tra istituzioni e cittadini, in modo da condividere le azioni necessarie, che potrebbero prevedere l'attività parallela di entrambe le parti. Un esempio è l'implementazione di percorsi virtuosi di smart city, in cui le istituzioni si concentrano sulla realizzazione dell'infrastruttura tecnologica (fibra ottica, portale del cittadino, open data, ecc.), mentre i cittadini inseriscono i dati e popolano i database relazionali, consentendo a tutti di ottenere informazioni/servizi utili.

Infine, è importante evidenziare che i percorsi di conoscenza/intelligenza collettiva e sociale possono applicarsi a realtà più o meno complesse: dal quartiere, alla città, fino a contesti sovracomunali.

12. FdC – Federazione di Comuni

Si è già detto che la criticità della diminuzione di popolazione in Capitanata non può essere affrontata da ciascun comune singolarmente, come se quel Comune non facesse parte di un territorio più grande, che lo contiene. Infatti, le ragioni di quest'inversione della popolosità dipendono da due cause principali:

pressioni esogene e *pressioni endogene*. Le *pressioni esogene* sono quelle che agiscono su un territorio (ad esempio una città, per fissare le idee), provenendo dall'esterno. Tra queste ci sono le pressioni a carattere istituzionale (patto interno di stabilità, riduzione di trasferimenti dagli organi centrali di governo, eliminazione di enti/organi intermedi, accorpamenti di enti e/o funzioni, mancato potenziamento o depotenziamento delle infrastrutture viarie, ecc.), pressioni a carattere sanitario (riduzione o riconversione di presidi ospedalieri o paraospedalieri, riduzione di servizi assistenziali gratuiti, riduzione di esenzioni da ticket, dati epistemologici non in linea con quelli nazionali, ecc.), pressioni a carattere ambientale (siti inquinati per pregressi e attuali insediamenti industriali, emissioni fuori controllo, criticità nel sistema raccolta e smaltimento dei rifiuti, ecc.), pressioni a carattere economico (saldo negativo di aziende piccole, medie o grandi, che aprono e chiudono, concentramento di iniziative commerciali, ecc.), pressioni della criminalità organizzata (estorsioni, controllo di parti di territorio, ingerenza in appalti pubblici, ecc.) e così via. Le *pressioni endogene*, invece, sono quelle che provengono dall'interno. Tra queste ci sono le pressioni a carattere sociale (disagio, povertà, anziani senza famiglia, ecc.), le pressioni a carattere economico (saldo negativo di micro imprese che aprono e chiudono, saldo negativo di attività artigianali o di lavoratori autonomi, ecc.), le pressioni a carattere finanziario (tasse non riscosse, affitti non riscossi, mutui o affitti in corso, partecipazioni pubbliche a società in sofferenza, ecc.), pressioni a carattere urbanistico (abusivismo, violazioni di vincoli, effetti sull'assetto idrogeologico, ecc.), pressioni da forme di illegalità locali (corruzione, concussione, micro criminalità, ecc.) e così via.

È evidente che una buona parte, ma non tutte, delle pressioni endogene possono essere gestite dalla comunità cittadina, seppur limitatamente alla propria competenza amministrativa e disponibilità di bilancio. Diversamente, le pressioni esogene sono fuori dalla portata di un'amministrazione comunale, sia dal punto di vista della competenza amministrativa sia dal punto di vista della portata dei fenomeni. Ad esempio, il patto di stabilità interno, il cui obiettivo è ridurre l'indebitamento pubblico dell'Italia, impone blocchi alla spesa pubblica anche per quei comuni con bilanci in attivo. Altro esempio è l'eliminazione dell'imposta sulla prima casa, che si trasforma in un mancato trasferimento di risorse dallo stato verso i comuni. Nel primo esempio, la conseguenza è l'impossibilità di utilizzare risorse disponibili, per soddisfare i bisogni della cittadinanza, nel secondo esempio si demanda al comune il reperimento delle risorse non trasferite oppure la riduzione/ridefinizione di servizi ai cittadini. Si potrebbero fare tanti altri esempi, tutti accomunati dalla difficoltà di ogni singolo comune a far fronte, da solo, alle pressioni esogene. Questa tipologia di pressioni produce effetti di elevata portata su quelle realtà che già stanno affrontando crisi socio-economiche, come accade in alcune realtà della Capitanata. Una strategia per limitare gli effetti negativi delle pressioni esogene può essere la Federazione di Comuni (FdC), da non confondersi con l'unione di comuni già prevista dalle leggi italiane per i piccoli centri .

Infatti, la possibilità che due o più comuni possano associarsi tra loro è previsto dal decreto legislativo n. 267 del 18 agosto 2000 ed è diventato obbligatorio col decreto legge n. 78/2010, art. 14, per i comuni al di sotto di 5.000 abitanti (3.000 per i comuni montani), mentre il termine ultimo, prorogato, è fissato al 31 dicembre 2017. La principale motivazione a fondamento delle unioni di piccoli comuni è la possibilità di realizzare delle economie di scala nell'erogazione dei servizi, finalizzata alla sopravvivenza dei piccoli centri che, riducendo i costi di gestione pro capite e pro quota, riescono a mantenere la propria identità. Il decreto indica anche le nove funzioni da condividere:

a) organizzazione generale dell'amministrazione, gestione finanziaria e contabile, e controllo;

b) organizzazione dei servizi pubblici di interesse generale di ambito comunale, compresi il trasporto pubblico comunale;

c) catasto, a eccezione delle funzioni mantenute dallo stato;

d) pianificazione urbanistica ed edilizia di ambito comunale, e partecipazione alla pianificazione territoriale di livello sovracomunale;

e) attività, in ambito comunale, di pianificazione, di protezione civile e di coordinamento dei primi soccorsi;

f) organizzazione e gestione dei servizi di raccolta, avvio, smaltimento e recupero dei rifiuti urbani, e riscossione dei relativi tributi;

g) progettazione e gestione del sistema locale dei servizi sociali ed erogazione delle relative prestazioni ai cittadini;

h) edilizia scolastica per la parte non attribuita alla competenza delle province e organizzazione dei servizi scolastici;

i) polizia municipale e polizia amministrativa locale.

Questo elenco evidenzia che l'unione di piccoli comuni prevista dalla legge è focalizzata sulla condivisione di due ambiti: le funzioni amministrative dei comuni e alcuni servizi verso i cittadini.

Quindi, nessuno dei due ambiti prevede la partecipazione attiva e collaborativa dei cittadini, ma solo una mera applicazione unidirezionale dalla pubblica amministrazione verso i cittadini. Soprattutto, quelle funzioni, accorpate, non sono generatrici di sviluppo socio-economico delle città che vi aderiscono, essendo finalizzate esclusivamente a una riduzione della spesa pubblica di enti territoriali. Infine, le nove funzioni previste dalla normativa rientrano prevalentemente nell'alveo di alcune pressioni endogene citate precedentemente, lasciando completamente scoperto il fianco alle pressioni esogene.

Diversamente, la FdC si basa sulla partecipazione proattiva di cittadini, istituzioni, imprese che individuano e definiscono, su base volontaria, gli ambiti di interesse comune e le relative azioni, col fine primario di sostenere lo sviluppo socio-economico delle città aderenti alla FdC, mitigando anche gli effetti delle pressioni esogene. L'espressione "socialmente sostenibile" ha infatti implicazioni sulla qualità della vita, che deve aversi nelle città aderenti alla FdC, a differenza della già menzionata unione dei comuni, che non se ne occupa. In altre parole, l'unione dei piccoli comuni si pone l'obiettivo di preservare l'esistente, non di svilupparlo. Fa una fotografia di un territorio, quindi è statica, mentre la FdC vuole girare un film, supportando una dinamica di crescita socio-economica. In sintesi, la locuzione "socialmente sostenibile" significa che non è sufficiente abitare un territorio per il semplice fatto di esservi cresciuto e di averci affetti, amicizie, lavoro, ricordi, bensì implica la legittima aspirazione di vivere un territorio, che offra opportunità e serenità (*benessere* e *bene stare*, come si diceva all'inizio del libro), e l'altrettanto legittima pulsione di poter partecipare proattivamente al suo processo di crescita, secondo la propria attitudine o mestiere (commerciante, imprenditore, lavoratore autonomo, volontario di associazione, eccetera).

In questo scenario rientrano sicuramente le FdC, che decidono di intraprendere percorsi basati su temi e approcci caratteristici delle smart city, anche se, più precisamente, dovrebbe parlarsi di *smart community*, visto che l'ambito geografico di riferimento non è quello di una singola città, ma quello di un territorio sovracomunale, quale potrebbe essere ciascuna delle tre macroaree di Capitanata: Gargano, Tavoliere delle Puglie e Subappennino dauno. Ciascuna di esse, a partire da nuclei pilota, potrebbe puntare a diventare una smart FdC.

E appare quasi ovvio evidenziare che il primo passo verso la costituzione di una FdC deve essere il pieno e convinto sentimento di appartenenza a un territorio più ampio, quello della FdC, mettendo da parte eventuali azioni e sentimenti campanilistici - tipici di comuni viciniori -, che affondano le radici in un passato troppo diverso rispetto alle nuove complessità e sfide, che richiedono, invece, una straordinaria concentrazione di energia e impegno sui temi del presente e del futuro. Il sentimento campanilistico non ha alcun valore etico ed è un potente freno allo sviluppo dell'intero territorio. Anche in questo caso, *l'intelligenza collettiva e sociale* - più che la semplice *conoscenza* collettiva e sociale - è lo strumento idoneo a scardinare gli steccati imposti da sentimenti e approcci campanilistici. È tuttavia evidente che una FdC non si può costruire a tavolino con la sola buona volontà, ma necessita di una base comune di valori di riferimento, non semplicemente dichiarati, ma scritti. Come accade in altri contesti, sarebbe opportuno che ogni comune aderente alla FdC si dotasse di una *Carta dei valori*, ottenuta a valle di un percorso partecipato dei cittadini. A questo riguardo può essere utile rileggere i paragrafi smart governance e smart people. La Carta dei valori può agevolare la gestione di situazioni che portano a sentimenti opposti, come accade per la vicenda ILVA di Taranto, dove alle preoccupazioni per i rischi sulla salute e sull'ambiente si affiancano le ansie per il rischio della perdita del lavoro. La Carta dei valori è tipicamente utilizzata in grandi aziende e in grandi comuni, che dichiarano a quali principi si ispira il loro operato verso i cittadini. Sarebbe auspicabile anche il viceversa, ovvero che i cittadini dichiarassero quali sono i loro valori, in modo da indicare i giusti percorsi agli amministratori. Solo a titolo di esempio, ed enfatizzando volutamente gli opposti, sarebbe molto utile risolvere i seguenti dubbi:

- massima tutela dei beni culturali o massima fruizione degli stessi?
- Ospitalità intesa come buona accoglienza del forestiero o come progettualità tesa ad allargare la comunità?
- Puntare su un settore predominante (ad esempio il turismo) o diversificare su uno spettro più ampio?
- Sviluppo industriale o massima tutela del territorio?
- Privilegiare l'economia verde o sostenere in egual misura qualunque tipo di insediamento produttivo?
- Privilegiare attività industriali appartenenti a filiere già presenti sul territorio, in modo da interagire con l'indotto occupazionale, o sostenere la creazione di nuovi ambiti produttivi?
- E via di seguito.

Se ogni comune si dotasse di una Carta dei valori, diventerebbe più agevole individuare gli ambiti di condivisione con altri comuni e creare una FdC.

Infine, una FdC, se *smart community*, si basa non solo sulle sei caratteristiche principali già viste per la smart city (*economy, environment, governance, living, mobility, people*), ma le arricchisce di uno sguardo d'insieme su problemi complessi, in modo da distinguere le criticità/opportunità localistiche di un singolo comune dalle criticità/opportunità diffuse nell'intero territorio della FdC. Questa differenziazione consente di attivare sempre azioni mirate, essendo definiti e chiari i confini della criticità/opportunità.

Ecco un esempio. Una FdC decide di cofinanziare la realizzazione e l'uso di una piattaforma informatica di servizi al cittadino, che consenta di gestire tramite internet la richiesta di certificati (di residenza, di nascita, ecc.), l'avvio o il controllo dello stato di avanzamento di pratiche burocratiche, e così via. Questo riguarderà i cittadini di ogni singolo comune. Prima osservazione. I comuni della FdC potrebbero decidere di prevedere le stesse procedure burocratiche, indipendentemente dal comune di appartenenza; quindi, l'iter, la tempistica e i costi per una pratica (ad esempio l'apertura di un'attività commerciale) sarebbero gli stessi per ogni comune aderente alla FdC, rendendo la procedura amministrativa certa, trasparente e monitorabile. Inoltre, ogni miglioramento dell'iter procedurale risulterebbe automaticamente applicato a tutti i comuni, riducendo in cascata la burocrazia e uniformando le procedure. Altra considerazione. La piattaforma informatica potrebbe essere connessa con quelle delle scuole, in modo da conoscere le relazioni esistenti tra le attività commerciali, segmentate per settore, e la formazione scolastica di provenienza dei proprietari/gestori. Questi dati, automaticamente aggiornati giorno per giorno, consentono di: a) monitorare le variazioni nel tempo; b) rilevare carenze o eccessi, sia di un settore merceologico sia delle relative competenze scolastiche; c) differenziare le relazioni per i singoli comuni della FdC, in modo da distinguere le tendenze di ambito da quelle localistiche; d) definire gli interventi per mitigare le criticità riscontrate e sostenere le opportunità; e) assegnare il livello di priorità d'azione (emergenza, criticità, anomalia); f) individuare le risorse necessarie; g) pianificare la tempistica di intervento.

È evidente che questo approccio consente agli amministratori pubblici di assumere decisioni autonome, ma basate su dati certi e monitorati quotidianamente, a vantaggio sia dell'efficacia delle azioni sia della trasparenza nei confronti dei cittadini, che, potendo verificare l'azione di governo dell'amministrazione, recuperano fiducia nell'amministrazione pubblica e contribuiscono attivamente allo sviluppo del territorio. Questo è un esempio di *politica data-driven*, ovvero una politica che sceglie le priorità di azione sulla base di dati reali, incontrovertibili, monitorati e monitorabili. In alcun casi ci si potrà imbattere in situazioni di non facile decisione, ed è proprio in quei casi che la politica dovrà assumersi il massimo di responsabilità della scelta per l'interesse collettivo, mentre in tanti altri casi sarà più agevole assumere la giusta decisione.

Ancora. La correlazione di dati diventa particolarmente utile per capire e affrontare alcune situazioni sociali, ad esempio relazionando i contesti familiari dal punto di vista economico-sociale, con i rendimenti scolastici dei figli, eventuali abbandoni scolastici, potenziali coinvolgimenti in situazioni di disagio sociale, e così via.

Anche in questi casi si possono seguire i fenomeni nella loro evoluzione *quotidiana* e attuare politiche o azioni *data-driven*. La correlazione consente anche di capire quali sono i percorsi virtuosi, che producono i migliori risultati, al fine di diffonderli e moltiplicare le buone prestazioni.

Ancora.

Una FdC che si configura come smart community può attivare un'azione di *scouting tecnologico* delle e per le imprese del suo territorio. Lo *scouting* tecnologico consiste nel valutare qual è la disponibilità e l'uso di tecnologia di un'impresa o di più imprese di uno stesso settore. Questo consente di verificare se un'impresa ha la forza – attuale e nel prossimo futuro – di competere con i suoi concorrenti, se può aumentare il suo fatturato o se è destinata a perdere quote di mercato. Se più imprese della FdC hanno un ritardo tecnologico rispetto agli altri concorrenti e, contemporaneamente, non hanno la forza economica di investire nelle tecnologie a disposizione degli altri, possono decidere di condividere alcune fasi di lavorazione o alcuni prodotti, acquistando la tecnologia necessaria e dividendone i costi. Anche quest'azione è di tipo *data-driven*, ovvero consente di prendere decisioni sulla base di dati certi, ma ora i protagonisti sono le imprese, cioè i privati, e non più la pubblica amministrazione, come negli esempi precedenti.

Infine, è evidente che quanto appena discusso richiede risorse economiche e finanziarie, sia pubbliche che private. In una FdC è necessario attivare meccanismi che contrastino il diffuso fenomeno della finanziarizzazione del capitale economico, ovvero l'investimento di grandi capitali in prodotti finanziari. È necessario modificare la prospettiva e attivare meccanismi per dirottare almeno una quota parte di quei capitali sull'innovazione, visto che le aziende ad alto contenuto di conoscenza (basate o meno sulla tecnologia) sono più profittevoli di molti strumenti finanziari. Ancora una volta, questo passaggio richiede percorsi di intelligenza collettiva e sociale tra detentori di capitali, imprese, cittadini e pubblica amministrazione.

13. Conclusioni

Questo rapido viaggio dal *chi eravamo* al *chi saremo* termina qui. Ciascuno degli argomenti trattati ha una complessità largamente superiore a quella con cui è stata qui presentata. Ciò vale per le implicazioni tecniche relative all'attuazione della smart city e, infatti, non si è fatto alcun cenno ai *Big Data*, al *cloud computing*, all'*Internet of Things* (IoT), e così via. Vale anche per l'analisi demografica della Capitanata, perché non si è analizzata l'evoluzione della composizione della popolazione né i singoli contributi (nati, deceduti, trasferiti in ingresso e in uscita, over sessantacinquenni, disoccupati, inoccupati, e così via). Vale, infine, per le proposte relative alla *smart community*, di cui si sono presentate alcune direttrici e gli strumenti necessari. L'auspicio è che i temi trattati possano suscitare l'interesse del lettore ad approfondirli, al fine di acquisire la piena consapevolezza dell'impatto che questi temi hanno sulla vita quotidiana. Altro auspicio è che gli argomenti presentati possano divenire rapidamente un tema di confronto tra tutti i cittadini di una comunità e non più tra i soli addetti ai lavori. Se è vero che il cuore pulsante nella costruzione della smart city sta nei city-user, allora è indispensabile che ogni city-user conosca bene le implicazioni e le opportunità di una smart city, in modo da viverla come protagonista e non come semplice destinatario delle decisioni altrui. Ogni city-user dovrebbe far proprio questo pensiero di Gordon Gekko, il protagonista del film *Wall Street – Il Denaro non dorme mai*: "Non posso cambiare il passato, ma posso provare a migliorare il futuro".

Glossario

Agenda digitale (pag. 8), è una delle 7 iniziative principali della Strategia EU2020, che punta alla crescita inclusiva, intelligente e sostenibile dell'Unione.

Agricoltura 2.0 (pag. 23), piano per la semplificazione amministrativa nella gestione di aziende agricole, basato su sei strumenti.

Anagrafe digitale (pag. 8), precisamente Anagrafe Nazionale della Popolazione Residente, integrerà le informazioni sul "domicilio digitale del cittadino", ovvero l'indirizzo di posta elettronica certificata, che il cittadino ha facoltà di indicare quale esclusivo mezzo di comunicazione con la pubblica amministrazione. Essa consentirà il censimento permanente della popolazione.

Bike sharing (pag. 33), condivisione di bicicletta, è uno degli strumenti di mobilità sostenibile, promosso principalmente dalle amministrazioni pubbliche, per incentivare e integrare il trasporto pubblico (autobus, tram e metropolitane).

Car sharing (pag. 34), analogo al Bike sharing, ma utilizza le automobili ed è tipicamente sfruttato per distanze maggiori.

Carta dei valori (pag. 87), documento in cui si stabiliscono i principi, che guidano le scelte strategiche della comunità.

City-user (pag. 35, 37, 93), utente della città, è un individuo, non residente, che si reca in città transitoriamente per consumare servizi pubblici e privati, motivato da esigenze lavorative (come il pendolare), ma anche ricreative, culturali e commerciali (turisti, frequentatori di centri commerciali e locali notturni, ecc.).

Co-working (pag. 75), lavoro condiviso, modalità di lavoro che implica la condivisione di uno spazio fisico, tipicamente un ufficio, e delle attrezzature presenti. Vi si condividono anche idee e progetti.

Crowdfunding (pag. 41), finanziamento collettivo, è un processo collaborativo in cui un elevato numero di persone supporta finanziariamente un progetto o un'organizzazione.

Digital divide (pag. 37), divario digitale, esistente tra chi ha accesso alle tecnologie dell'informazione (in particolare personal computer e internet) e chi ne è escluso, in modo parziale o totale.

E-commerce (pag. 17), commercio elettronico, analogo a E-procurement, ma limitato per un settore merceologico specifico o abbastanza ristretto.

E-procurement (pag. 19), approvvigionamento elettronico, acquisizione di beni e servizi attraverso internet; a questo processo corrisponde un complesso di regole, modalità organizzative e procedure che comprendono in genere l'impiego di software e tecnologie informatiche. Sistema utilizzato per la vendita tra aziende (commercio Business to Business o B2B), tra aziende e privati (Business to Consumer o

B2C) o tra aziende e istituzioni pubbliche (Government to Business o G2B).

Fascicolo Sanitario Elettronico (pag. 32), sistema elettronico per la raccolta di dati e documenti sanitari di una persona.

Green economy (pag. 21), economia verde, finalizzata a produrre beni e servizi per il cittadino con un impatto nullo o limitato sull'ambiente.

ICT (pag. 19, 20, 43, 45), Information and Communication Technology, tecnologie dell'informazione e della comunicazione, necessarie alla trasmissione, ricezione ed elaborazione di informazioni.

Identità Digitale (pag. 29-30-32), vedi SPID.

Industria 4.0 (pag. 21), espressione che definisce la quarta rivoluzione industriale, basata sulla disponibilità di sensori e connessioni wireless a basso costo, ed associata a un impiego sempre più pervasivo di dati, di tecnologie computazionali, di nuovi materiali, componenti e sistemi totalmente digitalizzati e connessi.

Open Data (pag. 28, 29, 35, 81), dati aperti, liberamente accessibili a tutti, le cui eventuali restrizioni sono l'obbligo di citare la fonte o di mantenere aperta la banca dati. Elemento fondamentale dell'open government, distintivo di una pubblica amministrazione aperta ai cittadini, sia in termini di trasparenza che di partecipazione attiva ai processi decisionali.

Scouting tecnologico (pag. 91), azione che aiuta una o più aziende a individuare le tecnologie e i partner tecnologici più adatti per sviluppare l'innovazione di prodotto/processo di proprio interesse, oltre a definire una strategia tecnologica coerente con le principali tendenze del proprio settore di riferimento.

Social (pag. 30), abbreviazione di Social Network, rete sociale, indica la rete delle relazioni sociali instaurate, in maniera più o meno casuale, tramite strumenti informatici (Facebook, Instagram, Twitter, Google+, LinkedIn, eccetera).

SPID (pag. 8), Sistema Pubblico di Identità Digitale, è il sistema unico di identificazione per l'accesso ai servizi online della pubblica amministrazione.

Startup (pag. 21, 22, 32, 41), società di recente o nuova costituzione, inizialmente intesa esclusivamente come azienda del settore internet o altamente tecnologica.

Sitografia

Sette iniziative prioritarie dell'UE

- ec.europa.eu/europe2020/europe-2020-in-a-nutshell/flagship-initiatives/index_it.htm

BES nazionale, provinciale, urbano

- www.istat.it/it/misure-del-benessere
- www.besdelleprovince.it/bes-delle-province-2015/
- www.istat.it/it/archivio/153995

Open data

- dati.comune.bologna.it
- dati.comune.bologna.it/node/2272
- dati.comune.bologna.it/node/600
- www.agid.gov.it
- open.gov.it
- open.gov.it/amministrazione-aperta/definizione-open-data
- open.gov.it/terzo-piano-dazione-nazionale
- open.gov.it/consultazione-terzo-nap/promozione-competenze-digitali
- open.gov.it/consultazione-terzo-nap/diventare-cittadini-digitali
- open.gov.it/consultazione-terzo-nap/osservatorio-sui-diritti-digitali

- open.gov.it/monitora
- open.gov.it/questionario-online-sui-diritti-la-cittadinanza-digitale
- www.camera.it/application/xmanager/projects/leg17/commissione_internet/dichiarazione_dei_diritti_internet_pubblicata.pdf

Sanità in Puglia

- www.sanita.puglia.it

Smart city

- www.agendaurbana.it
- eu-smartcities.eu
- www.smart-cities.eu
- osservatoriosmartcity.it
- italiansmartcity.it
- it.wikipedia.org/wiki/Unione_di_comuni
- ec.europa.eu/info/eu-regional-and-urban-development/cities_en

SPID o identità digitale

- www.spid.gov.it/richiedi-spid

Appendice[35] – Popolazione dei comuni di Capitanata

In giallo i grafici dei comuni, la cui popolazione tra gli ultimi due censimenti è diminuita di più del cinque percento, in blu quelli dei comuni la cui popolazione è aumentata di più del 5%, in grigio tutti gli altri. Ogni grafico riporta il numero di residenti, corrispondente a ciascuna rilevazione censuaria (valori di tabella 2). Notare l'elevata numerosità di curve gialle. Inoltre, le curve blu sono quasi tutte corrispondenti a piccoli comuni.

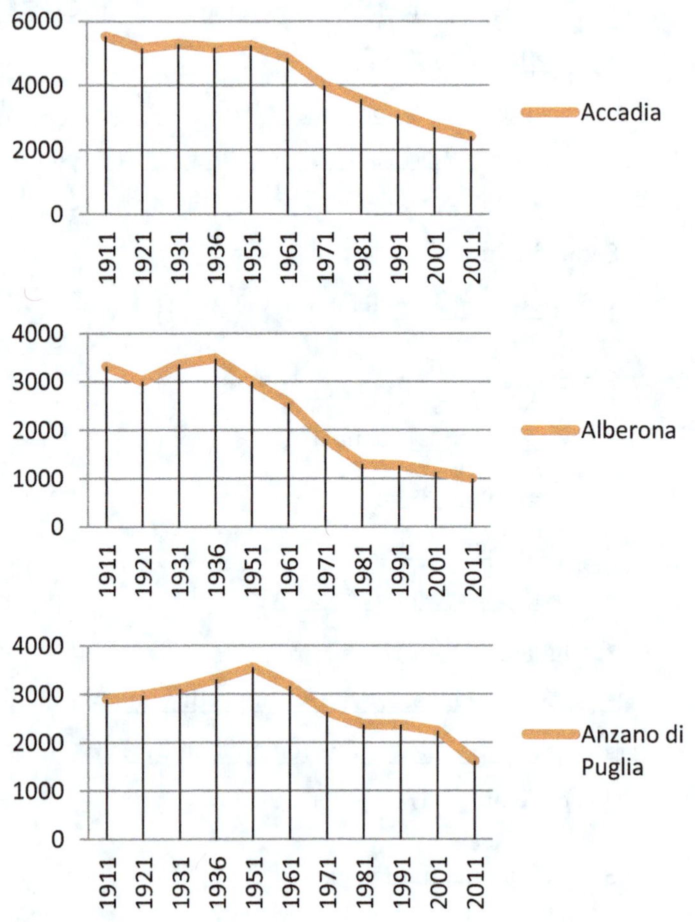

---

[35] dati.istat.it/Index.aspx

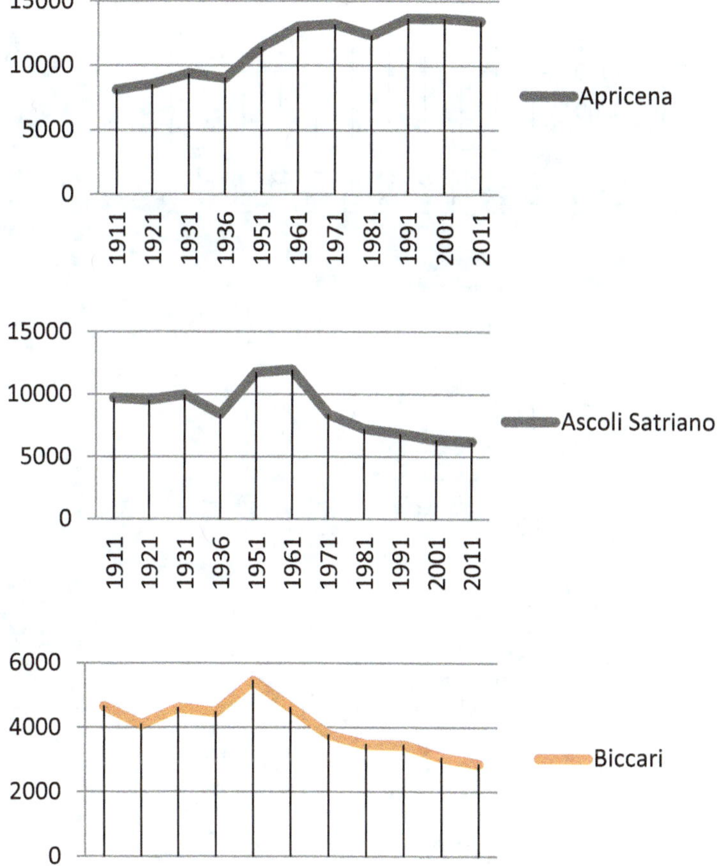

15000
10000
5000
0
1911
1921
1931
1936
1951
1961
1971
1981
1991
2001
2011
Apricena
15000
10000
5000
0
1911
1921
1931
1936
1951
1961
1971
1981
1991
2001
2011
Ascoli Satriano
6000
4000
2000
0
1911
1921
1931
1936
1951
1961
1971
1981
1991
2001
2011
Biccari

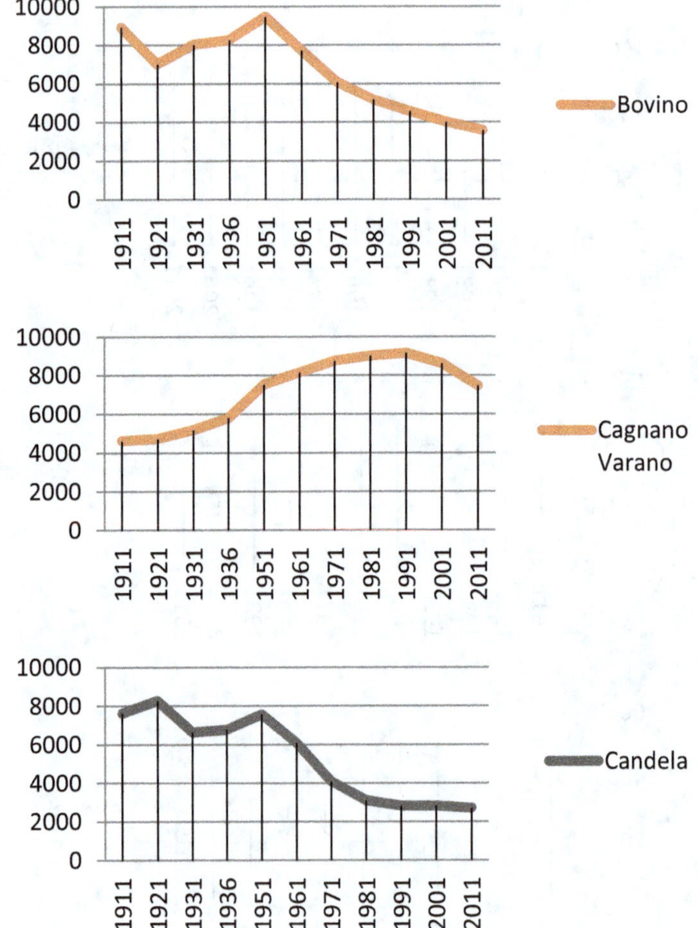

Bovino
10000
8000
6000
4000
2000
0
1911
1921
1931
1936
1951
1961
1971
1981
1991
2001
2011
Cagnano Varano
10000
8000
6000
4000
2000
0
1911
1921
1931
1936
1951
1961
1971
1981
1991
2001
2011
Candela
10000
8000
6000
4000
2000
0
1911
1921
1931
1936
1951
1961
1971
1981
1991
2001
2011

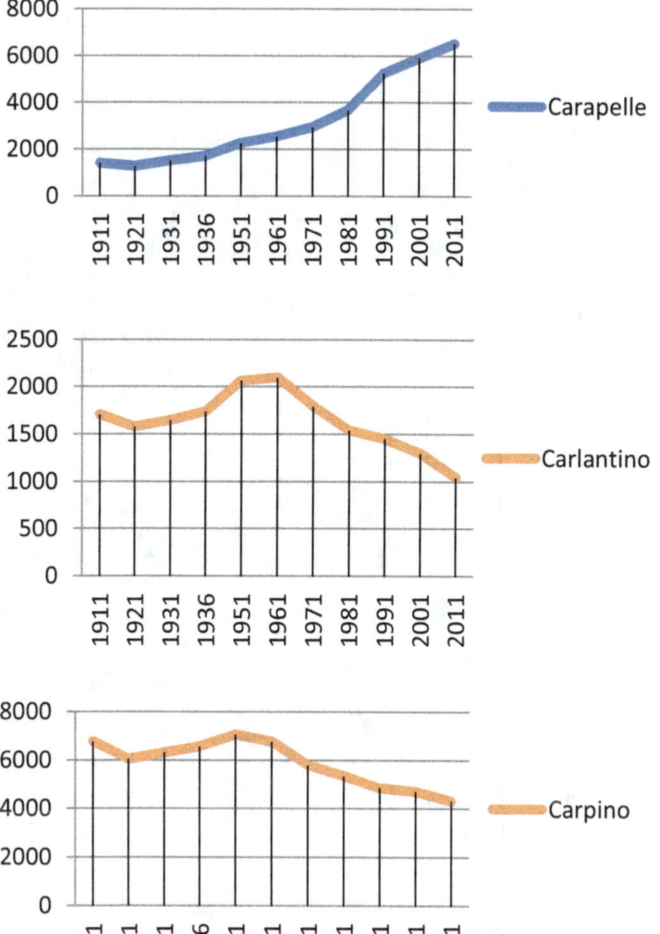

8000
6000
4000
2000
0
1911 1921 1931 1936 1951 1961 1971 1981 1991 2001 2011
Carapelle

2500
2000
1500
1000
500
0
1911 1921 1931 1936 1951 1961 1971 1981 1991 2001 2011
Carlantino

8000
6000
4000
2000
0
1911 1921 1931 1936 1951 1961 1971 1981 1991 2001 2011
Carpino

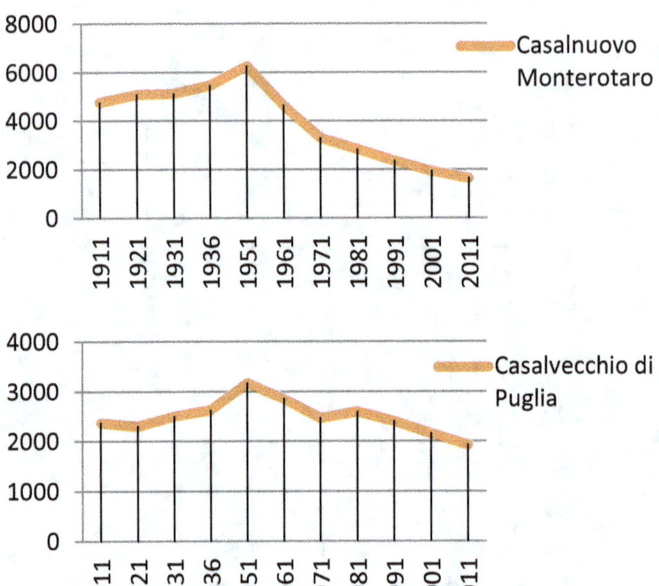
8000
6000
4000
2000
0
1911
1921
1931
1936
1951
1961
1971
1981
1991
2001
2011
Casalnuovo Monterotaro
4000
3000
2000
1000
0
1911
1921
1931
1936
1951
1961
1971
1981
1991
2001
2011
Casalvecchio di Puglia

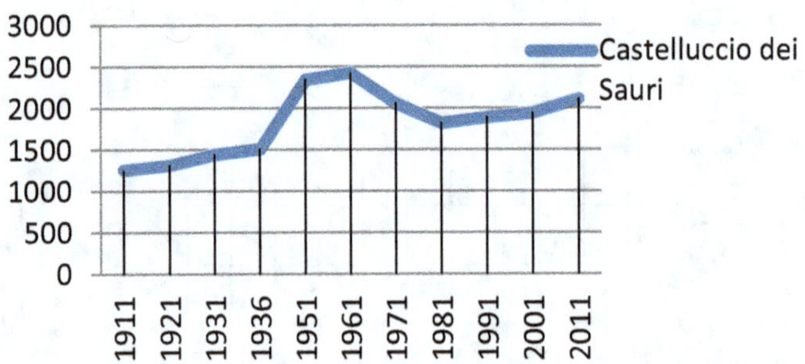
3000
2500
2000
1500
1000
500
0
1911
1921
1931
1936
1951
1961
1971
1981
1991
2001
2011
Castelluccio dei Sauri

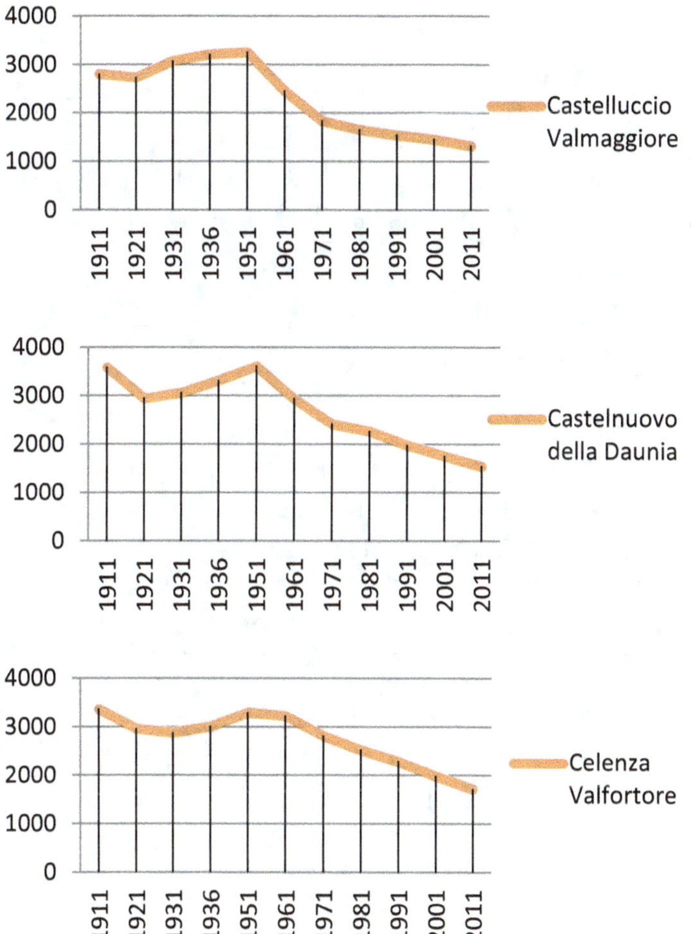

4000
3000
2000
1000
0
1911
1921
1931
1936
1951
1961
1971
1981
1991
2001
2011
Castelluccio Valmaggiore
4000
3000
2000
1000
0
1911
1921
1931
1936
1951
1961
1971
1981
1991
2001
2011
Castelnuovo della Daunia
4000
3000
2000
1000
0
1911
1921
1931
1936
1951
1961
1971
1981
1991
2001
2011
Celenza Valfortore

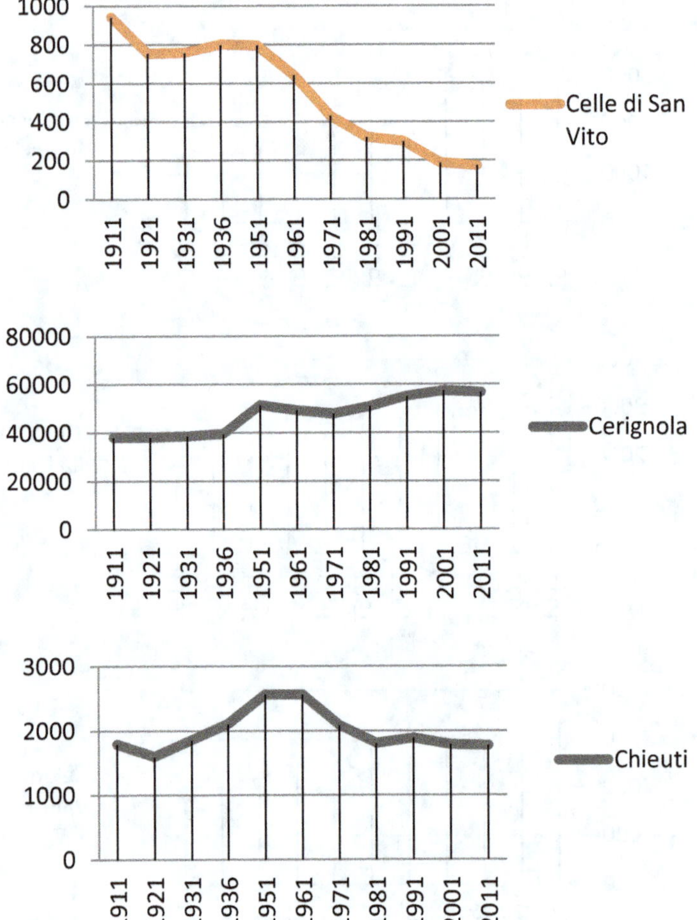
1000
800
600
400
200
0
1911
1921
1931
1936
1951
1961
1971
1981
1991
2001
2011
Celle di San Vito
80000
60000
40000
20000
0
1911
1921
1931
1936
1951
1961
1971
1981
1991
2001
2011
Cerignola
3000
2000
1000
0
1911
1921
1931
1936
1951
1961
1971
1981
1991
2001
2011
Chieuti

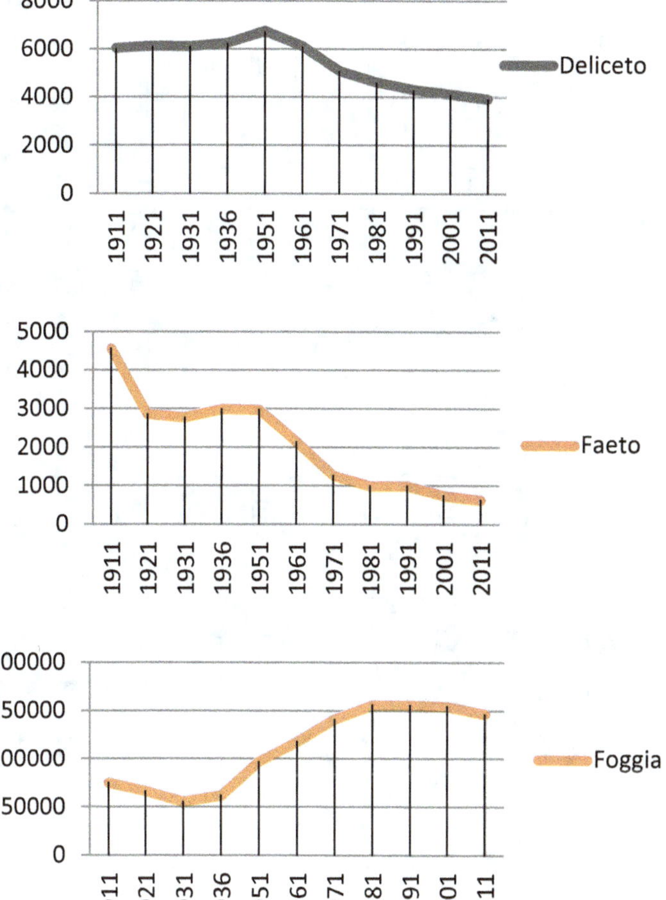

8000
6000
4000
2000
0
1911
1921
1931
1936
1951
1961
1971
1981
1991
2001
2011
Deliceto
5000
4000
3000
2000
1000
0
1911
1921
1931
1936
1951
1961
1971
1981
1991
2001
2011
Faeto
200000
150000
100000
50000
0
1911
1921
1931
1936
1951
1961
1971
1981
1991
2001
2011
Foggia

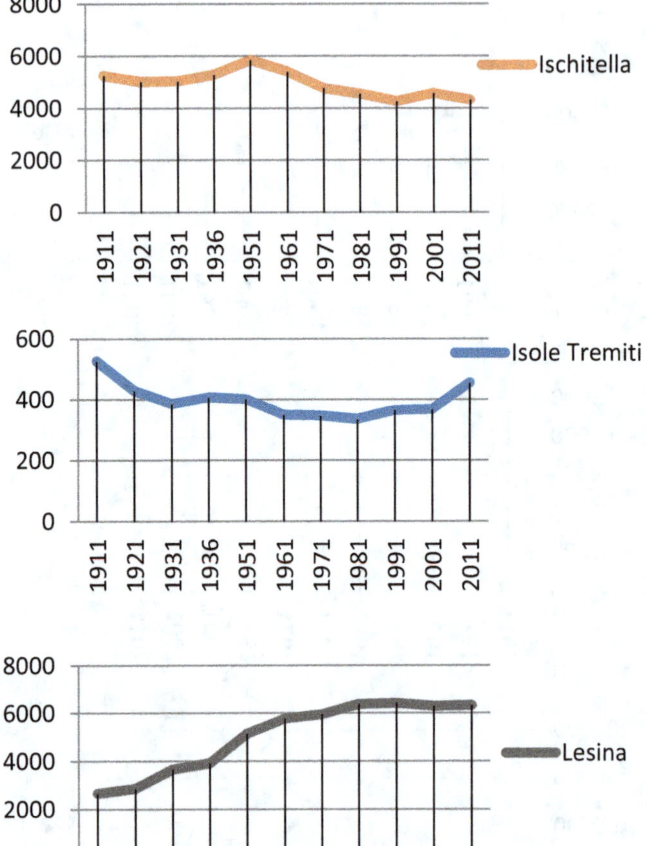

8000
6000
4000
2000
0
Ischitella
1911
1921
1931
1936
1951
1961
1971
1981
1991
2001
2011
600
400
200
0
Isole Tremiti
1911
1921
1931
1936
1951
1961
1971
1981
1991
2001
2011
8000
6000
4000
2000
0
Lesina
1911
1921
1931
1936
1951
1961
1971
1981
1991
2001
2011

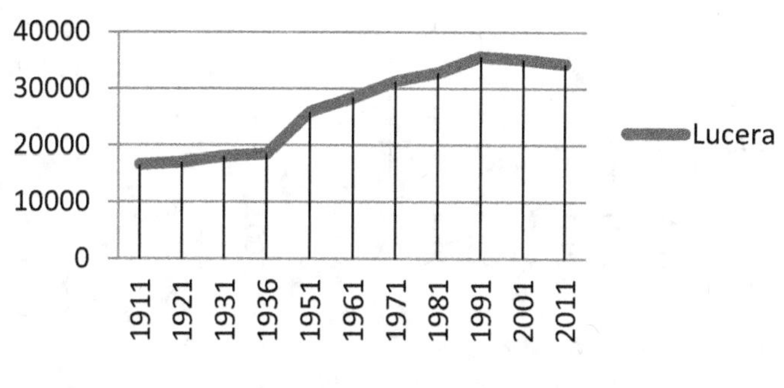

40000
30000
20000
10000
0
1911
1921
1931
1936
1951
1961
1971
1981
1991
2001
2011
Lucera

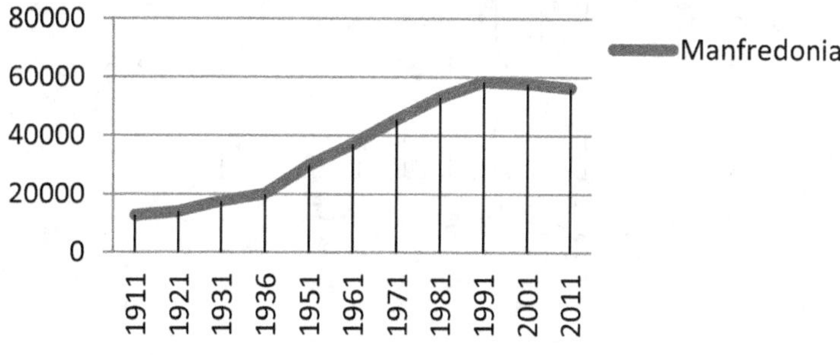

80000
60000
40000
20000
0
1911
1921
1931
1936
1951
1961
1971
1981
1991
2001
2011
Manfredonia

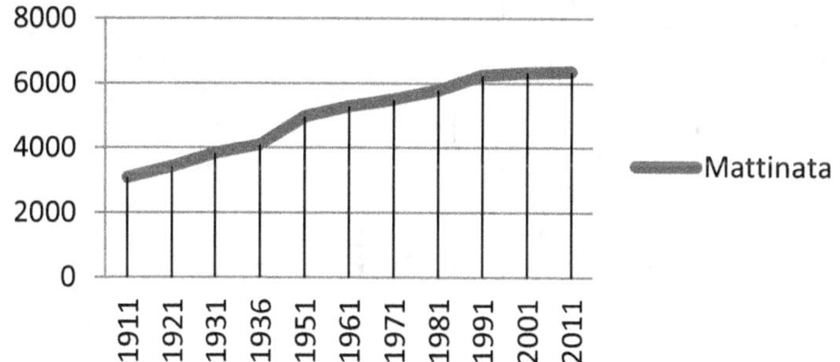

8000
6000
4000
2000
0
1911
1921
1931
1936
1951
1961
1971
1981
1991
2001
2011
Mattinata

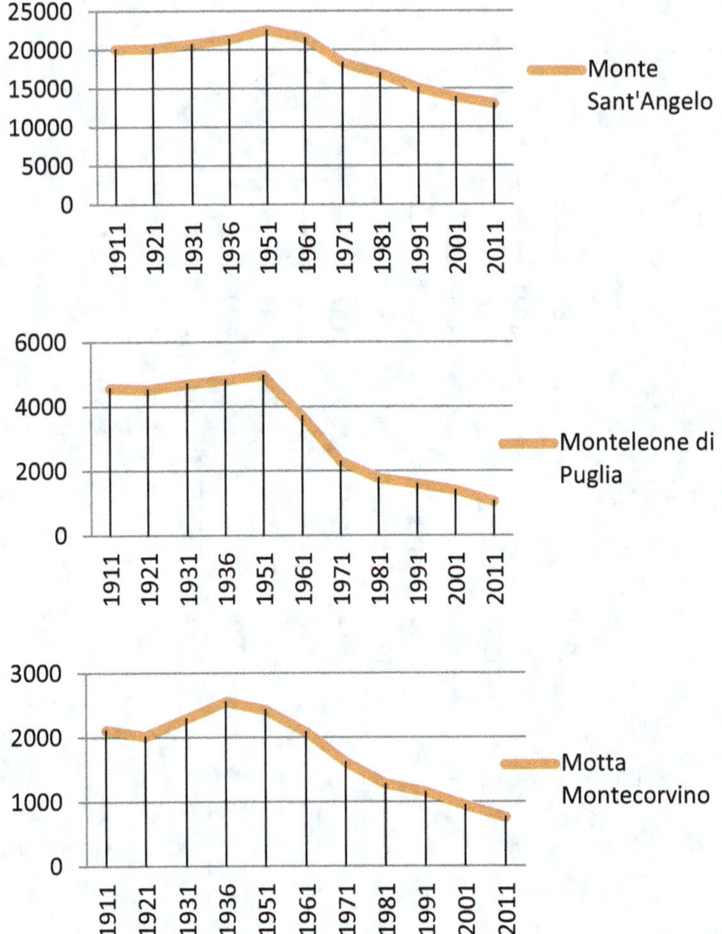
25000
20000
15000
10000
5000
0
1911
1921
1931
1936
1951
1961
1971
1981
1991
2001
2011
Monte Sant'Angelo
6000
4000
2000
0
1911
1921
1931
1936
1951
1961
1971
1981
1991
2001
2011
Monteleone di Puglia
3000
2000
1000
0
1911
1921
1931
1936
1951
1961
1971
1981
1991
2001
2011
Motta Montecorvino

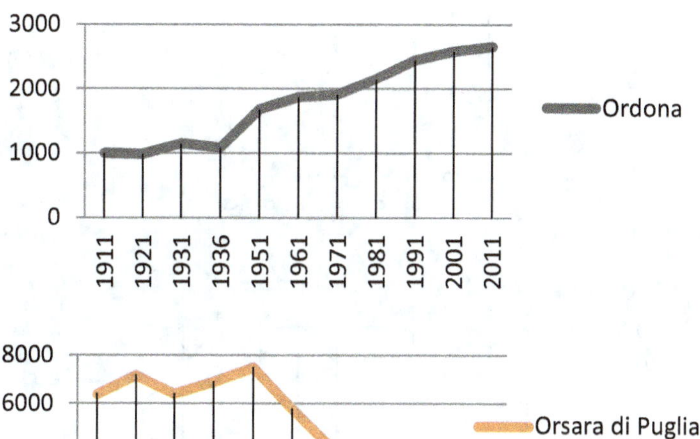

3000
2000
1000
0
1911
1921
1931
1936
1951
1961
1971
1981
1991
2001
2011
Ordona

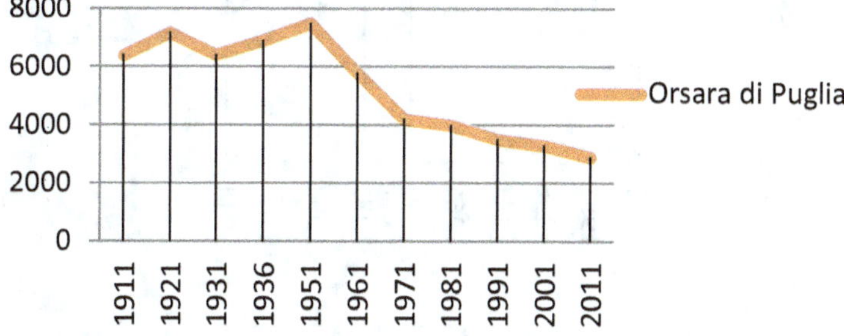

8000
6000
4000
2000
0
1911
1921
1931
1936
1951
1961
1971
1981
1991
2001
2011
Orsara di Puglia

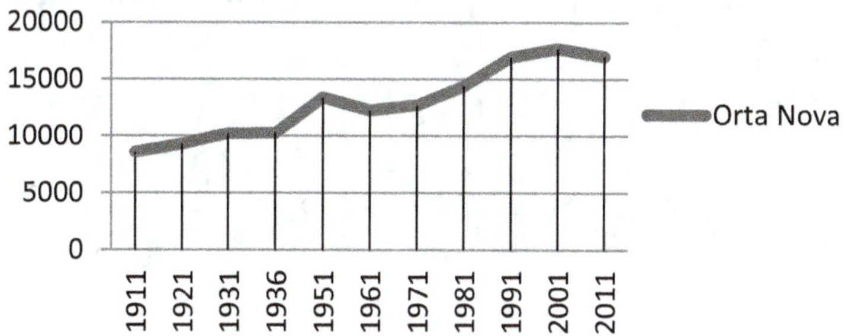

20000
15000
10000
5000
0
1911
1921
1931
1936
1951
1961
1971
1981
1991
2001
2011
Orta Nova

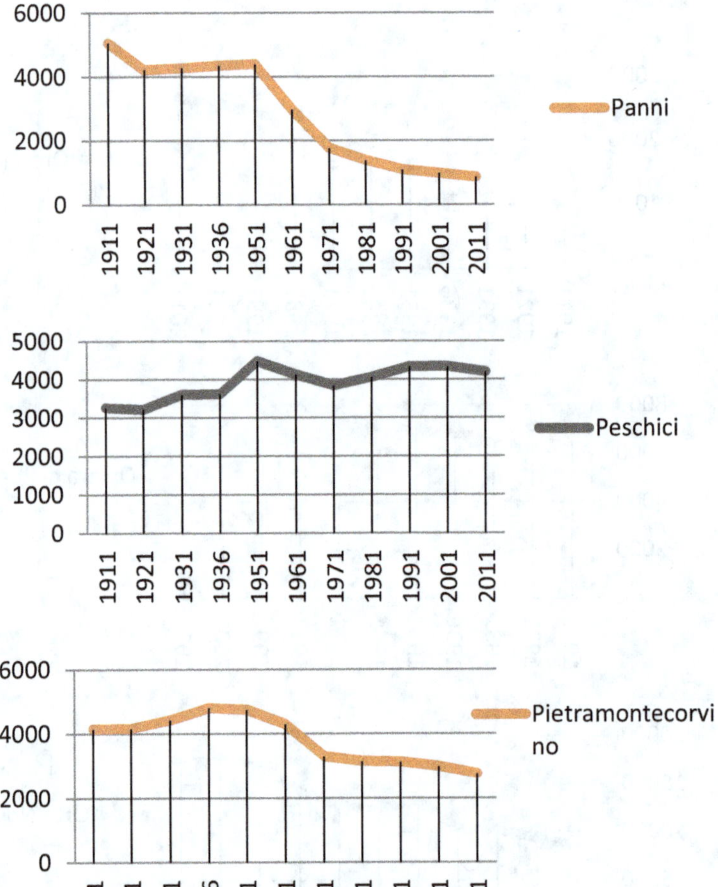
6000
4000
2000
0
1911
1921
1931
1936
1951
1961
1971
1981
1991
2001
2011
Panni
5000
4000
3000
2000
1000
0
1911
1921
1931
1936
1951
1961
1971
1981
1991
2001
2011
Peschici
6000
4000
2000
0
1911
1921
1931
1936
1951
1961
1971
1981
1991
2001
2011
Pietramontecorvino

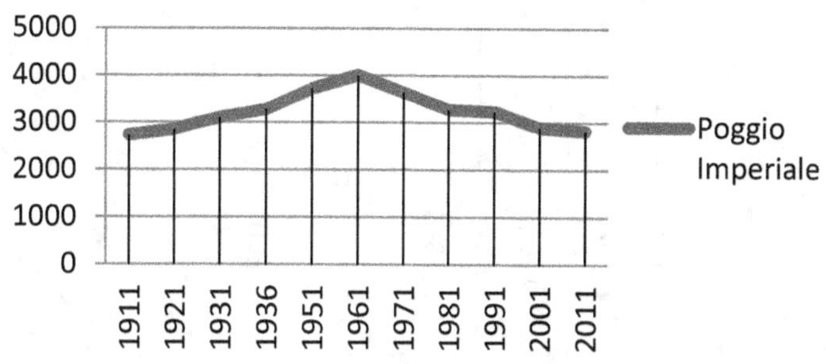

5000
4000
3000
2000
1000
0
1911
1921
1931
1936
1951
1961
1971
1981
1991
2001
2011
Poggio Imperiale

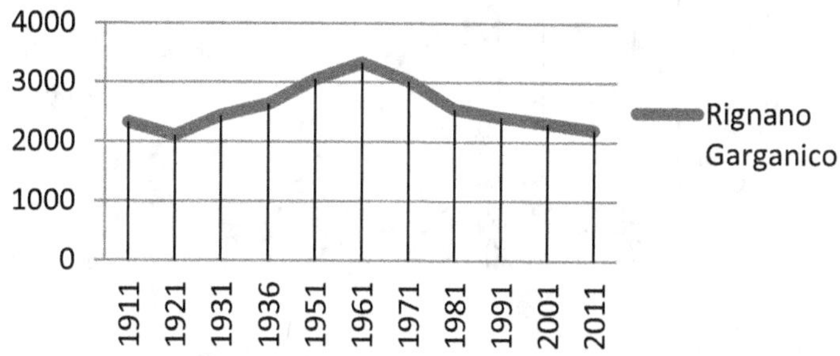

4000
3000
2000
1000
0
1911
1921
1931
1936
1951
1961
1971
1981
1991
2001
2011
Rignano Garganico

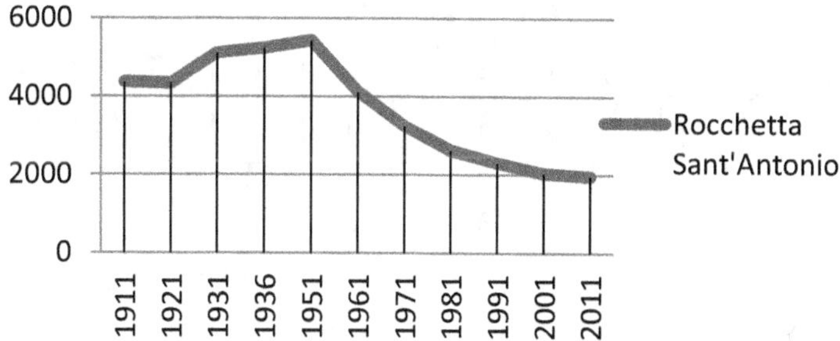

6000
4000
2000
0
1911
1921
1931
1936
1951
1961
1971
1981
1991
2001
2011
Rocchetta Sant'Antonio

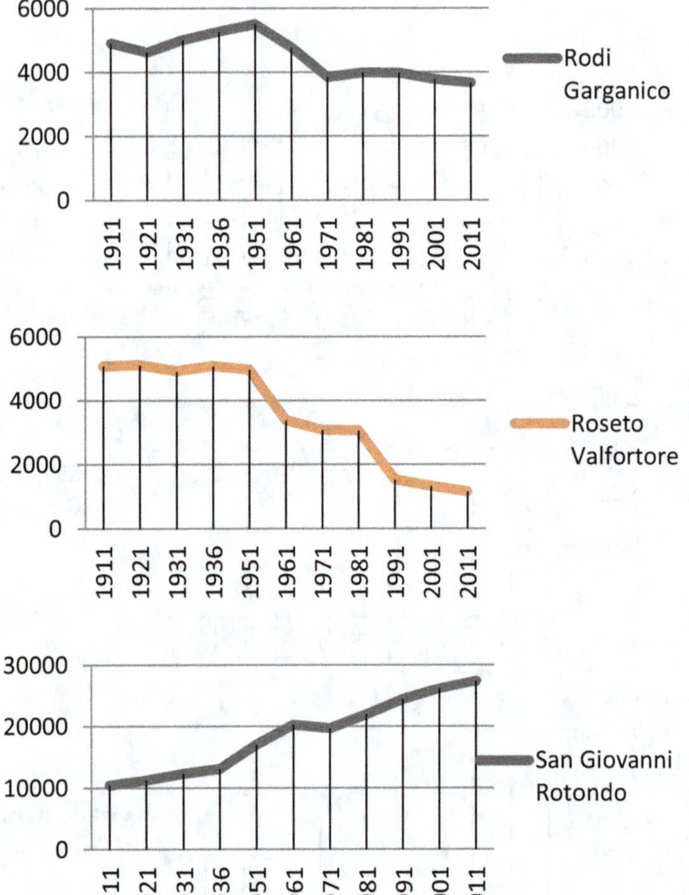

6000
4000
2000
0
1911
1921
1931
1936
1951
1961
1971
1981
1991
2001
2011
Rodi Garganico
6000
4000
2000
0
1911
1921
1931
1936
1951
1961
1971
1981
1991
2001
2011
Roseto Valfortore
30000
20000
10000
0
1911
1921
1931
1936
1951
1961
1971
1981
1991
2001
2011
San Giovanni Rotondo

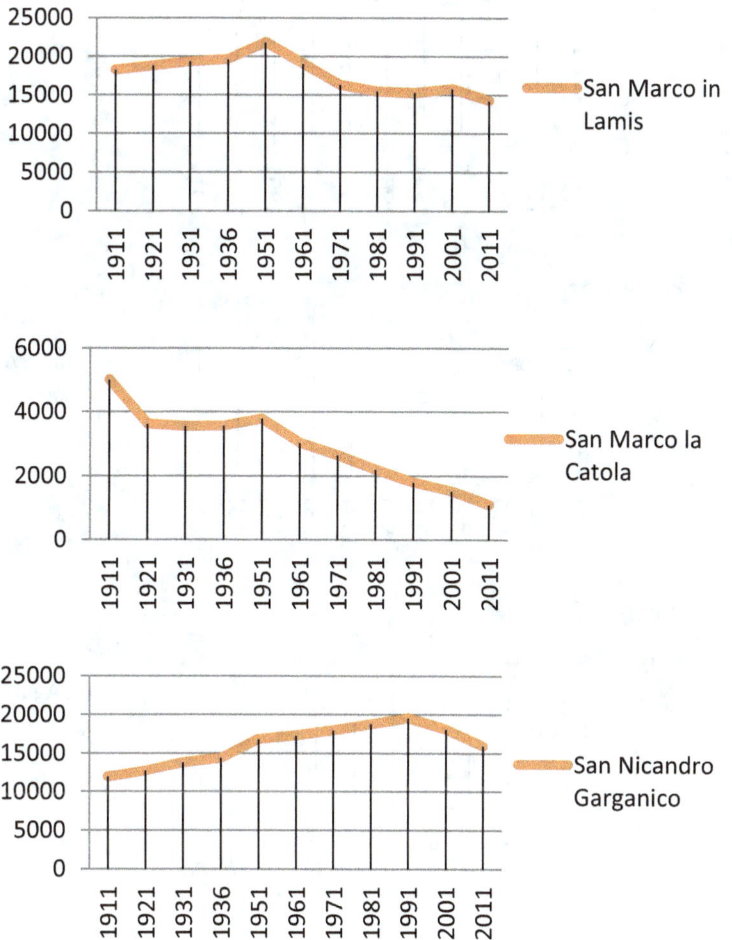

25000
20000
15000
10000
5000
0
1911
1921
1931
1936
1951
1961
1971
1981
1991
2001
2011
San Marco in Lamis
6000
4000
2000
0
1911
1921
1931
1936
1951
1961
1971
1981
1991
2001
2011
San Marco la Catola
25000
20000
15000
10000
5000
0
1911
1921
1931
1936
1951
1961
1971
1981
1991
2001
2011
San Nicandro Garganico

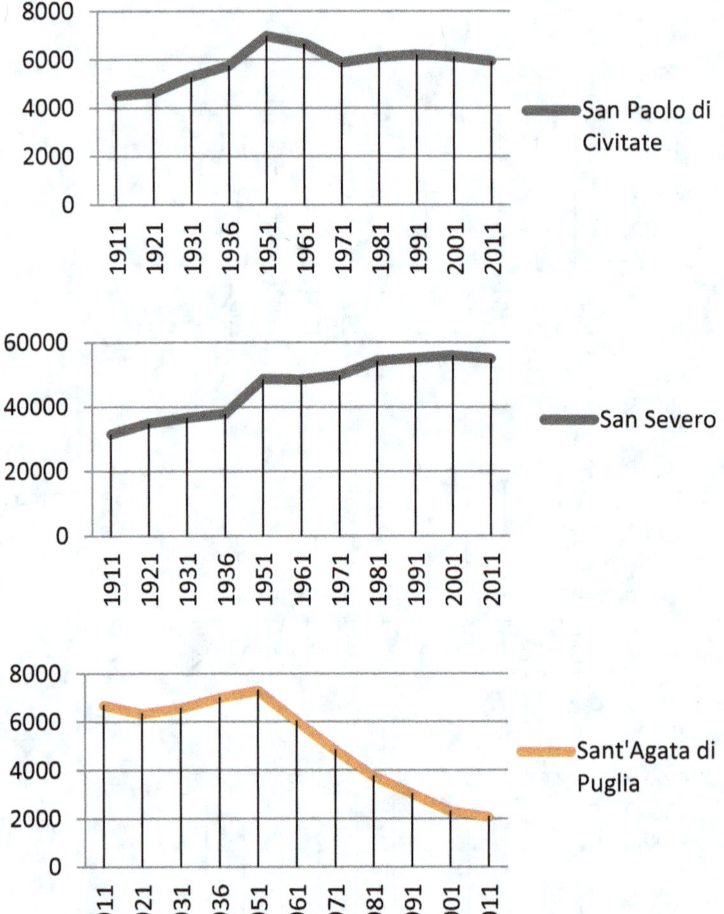

8000
6000
4000
2000
0
1911
1921
1931
1936
1951
1961
1971
1981
1991
2001
2011
San Paolo di Civitate
60000
40000
20000
0
1911
1921
1931
1936
1951
1961
1971
1981
1991
2001
2011
San Severo
8000
6000
4000
2000
0
1911
1921
1931
1936
1951
1961
1971
1981
1991
2001
2011
Sant'Agata di Puglia

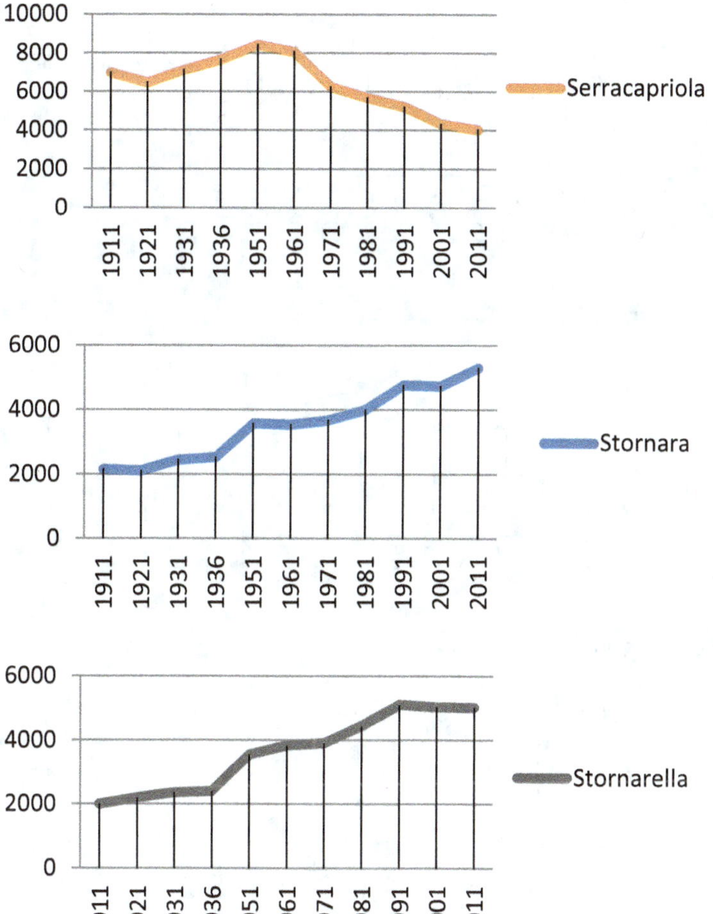
10000
8000
6000
4000
2000
0
1911
1921
1931
1936
1951
1961
1971
1981
1991
2001
2011
Serracapriola
6000
4000
2000
0
1911
1921
1931
1936
1951
1961
1971
1981
1991
2001
2011
Stornara
6000
4000
2000
0
1911
1921
1931
1936
1951
1961
1971
1981
1991
2001
2011
Stornarella

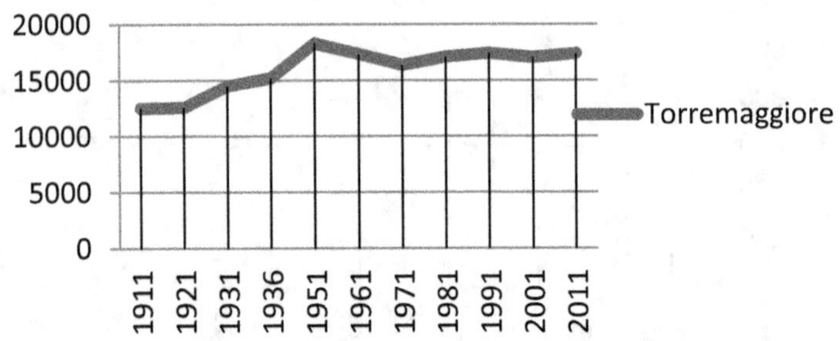

20000
15000
10000
5000
0
1911
1921
1931
1936
1951
1961
1971
1981
1991
2001
2011
Torremaggiore

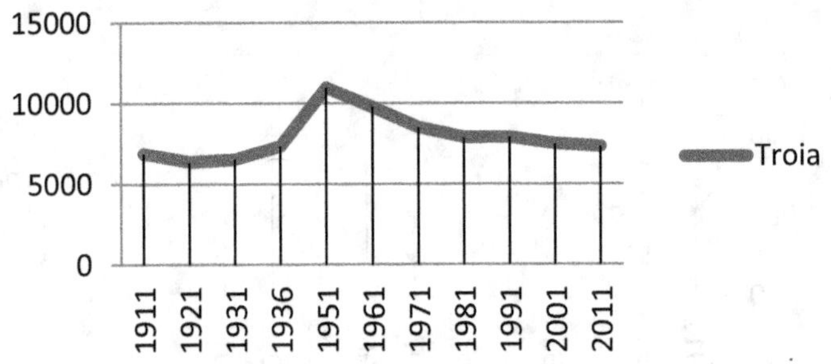

15000
10000
5000
0
1911
1921
1931
1936
1951
1961
1971
1981
1991
2001
2011
Troia

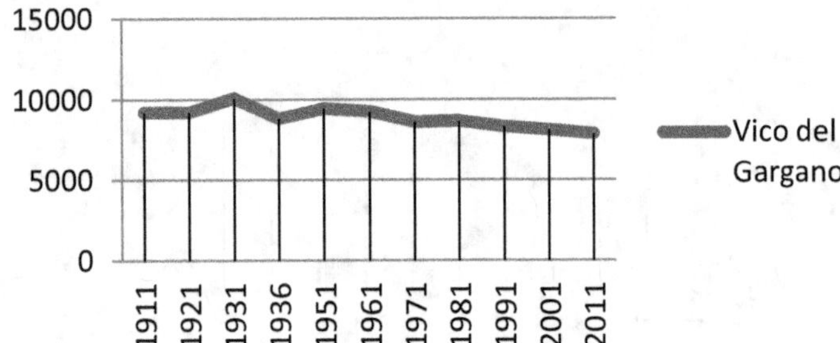

15000
10000
5000
0
1911
1921
1931
1936
1951
1961
1971
1981
1991
2001
2011
Vico del
Gargano

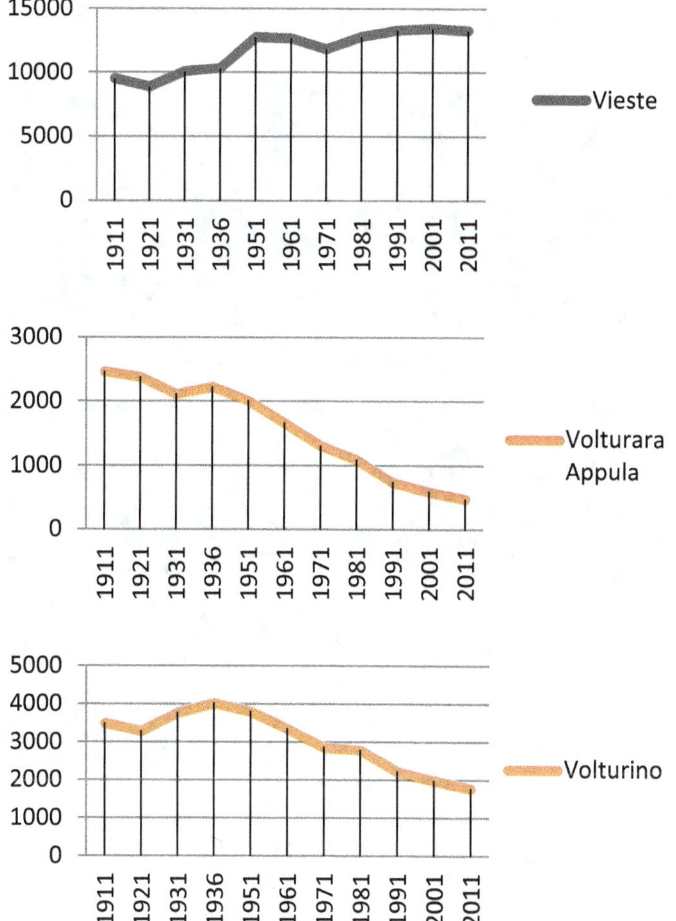

15000
10000
5000
0
1911
1921
1931
1936
1951
1961
1971
1981
1991
2001
2011
Vieste
3000
2000
1000
0
1911
1921
1931
1936
1951
1961
1971
1981
1991
2001
2011
Volturara
Appula
5000
4000
3000
2000
1000
0
1911
1921
1931
1936
1951
1961
1971
1981
1991
2001
2011
Volturino

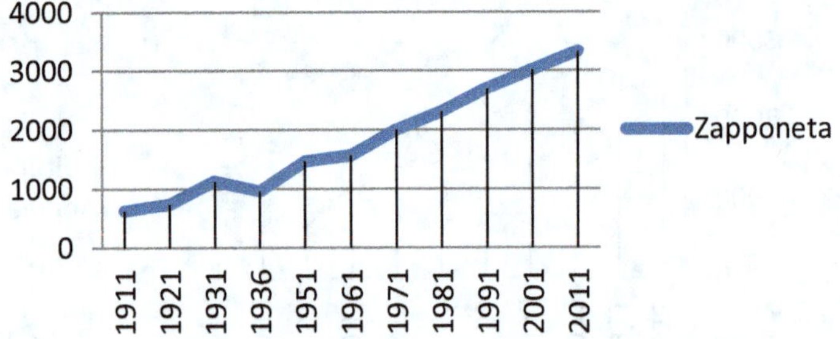

4000
3000
2000
1000
0
1911
1921
1931
1936
1951
1961
1971
1981
1991
2001
2011
Zapponeta

www.ingramcontent.com/pod-product-compliance
Lightning Source LLC
Chambersburg PA
CBHW071038250726
48653CB00005B/1885